はじめに
相続税を0にするのは難しくない
生前の不動産対策で相続税は節税できる！

対策しないと財産は減ってしまう

相続になっても税金が払えるだけのお金を残していれば何の不安もなく、子供たちに文句を言われないとお金を使わずに貯めている方が多くいらっしゃいます。けれども対策をしないまま相続になると、納税はできても財産は減ってしまうのです。

たとえば一人暮らしのお母さんの財産を2億円と想定します。自宅の土地3500万円、建物500万円、駐車場の土地4500万円、空地4500万円、預金7000万円、生命保険には未加入、借り入れはなし。2人の息子は同居せず、それぞれ自分の家を購入しています。基礎控除は4200万円、相続税は3340万円となります。納税はできても10か月後には預金の半分が相続税で減ってしまうのです。これでは残念ではないでしょうか。

節税対策のイメージはこうなる

①自宅で同居しておけば、相続税の申告のときに小規模宅地等の特例を利用できます。

②預金7000万円のうち、1000万円は生命保険に加入、一時払いします。

③預金6000万円で区分マンションを購入、賃貸します。

④駐車場には、建築費1億円を借り入れして賃貸マンションを建築します。

⑤空き地は売却し、区分マンションを購入します。

①の自宅で同居、はできなくても、②～⑤を実行すると対策後の評価は3360万円となり、基礎控除4200万円の範囲内の財産となり、結果、相続税は0円、申告も不要です。

本書は、生前にできる相続税の節税対策のうち不動産対策に絞って実例をご紹介しています。生前に「相続プラン」を作り、不動産対策に取り組み、基礎控除以内の評価になるように、財産のバランスを取ることができれば、相続税0円にすることは難しくはありません。本書を参考に早めに対策に取り組んでいただくことを祈念致します。

令和7年5月
相続実務士® 曽根恵子

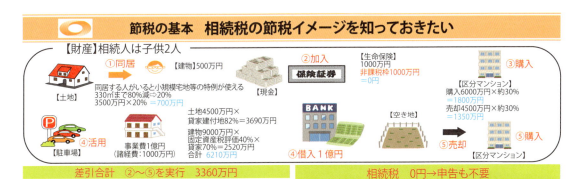

001 はじめに

相続のプロが教える 相続事情

004 事情その **1** 資産家いじめの税制が始まった

006 事情その **2** 節税対策に取り組む前に確認したい5つのチェックポイント

008 事情その **3** 節税は「財産を減らすこと」と「評価を下げること」の組み合わせ

010 **COLUMN 1** 相続対策は弁護士、税理士、信託銀行には頼れない！

第1章 生前に確認しておきたい節税策

012 相続税の対象になる財産
すべての財産が相続の対象「みなし財産」も忘れずに

014 相続税の控除の対象
債務や未払い金は相続財産から差し引くことができる

016 相続財産の評価
相続財産は亡くなった日の時価で評価される

018 株式の評価
株式は3種類に分類して評価される

020 土地の評価
相続財産で最も多い土地は評価の仕方が複雑

022 借地や貸宅地の評価
借地や貸宅地は更地よりも評価が下がる

024 相続の順位
相続人には、決められた範囲や優先順位がある

026 遺産の分割
財産の分け方は話し合いで決めなければならない

028 遺言書と遺留分
本人の意思である遺言書は法定相続分より優先される

030 相続税の計算
相続財産の課税価額を出し相続税を計算する

032 相続税の税額控除
相続税が控除される項目と2割加算される項目がある

034 相続税の申告と納税
相続税は申告期限までの現金納付が原則

036 小規模宅地等の特例
遺産分割のときにできる節税① 小規模宅地等の特例を適用

038 配偶者の税額軽減の特例
遺産分割のときにできる節税② 配偶者の税額軽減の特例を適用

040 土地の分筆
遺産分割のときにできる節税③ 土地を分けると評価が変わる

042 土地の評価
土地の面積、形状、道路状況で評価を軽減する

044 不動産の売却
申告までに相続税評価額以下で不動産を売却して節税

046 **COLUMN 2** 「相続対策」は「不動産」と「現金」で行う「不動産の実務」が主となる

第2章 生前に取り組んでおきたい不動産の節税策

048 【総論】生前対策は不動産で考える
050 【贈与①】自宅を配偶者に贈与して節税する
052 岩田さんの場合●配偶者への贈与の特例を利用して無理なく節税する
054 【贈与②】現金よりも土地を贈与して有利に節税する
056 服部さんの場合●アパートの建物を孫に贈与して固定資産税評価に切り替える
058 【購入①】現金を建物に換えて評価額を下げて節税する
060 辻さんの場合●自宅を賃貸併用住宅に建て替え貸家建付地の評価を利用する
062 【購入②】資産を多額の現金から収益不動産に組み替える
064 富田さんの場合●相続した保険金を収益不動産に換え基礎控除内におさめる
066 【資産組替】相続した土地を守るより価値を上げて残す
068 関さんの場合●住まない自宅を売却し都心の不動産に買い替える
070 【活用】節税と収益がのぞめる賃貸事業は土地活用の有力な選択肢
072 松岡さんの場合●畑に賃貸住宅を建て節税と納税資金を準備
074 【法人】賃貸経営の会社をつくって資産の増加を回避する
076 山中さんの場合●同族会社で所得の分散を図り所得税の節税をする
078 **COLUMN 3** これからの長寿社会、認知症には「民事信託」で対策する

第3章 複合技で大きく節税する不動産対策

080 【購入】【資産組替】尾崎さんの場合●現金で賃貸不動産を2カ所購入し節税とリスク分散を図る
084 【活用】【資産組替】川村さんの場合●自宅の土地を分筆し積極的な不動産活用で節税
088 【贈与】【資産組替】星野さんの場合●妻には自宅、子供には現金を贈与して節税
092 【資産組替】【購入】黒田さんの場合●稼働率の悪い駐車場を売却し売却代金で自宅を建て替える
096 【資産組替】【活用】大谷さんの場合●古い貸家を解体して新たな賃貸事業に取り組んだ
100 【資産組替】【活用】松村さんの場合●自宅を賃貸住宅にして納税対策をした
104 【活用】【法人】永田さんの場合●2次相続に備え、賃貸経営で積極的な節税対策に取り組む
108 【資産組替】【活用】内藤さんの場合●農地を売却し賃貸住宅に組み替えた
112 【贈与】【活用】【法人】望月さんの場合●自宅を妻に贈与し賃貸事業の法人化で財産も分散
116 【購入】【活用】平井さんの場合●現金を不動産に換えて自宅と新たな不動産を購入
120 **COLUMN 4** 不動産は「収益」があってこその財産

第4章 万が一準備できなかった人のための節税策

122 原田さんの場合●倍率方式の山林を鑑定評価して節税
123 小野さんの場合●建物を鑑定評価して節税
124 竹内さんの場合●地積規模の大きな宅地の評価で節税
125 田村さんの場合●地積規模の大きな宅地の評価、納税猶予で節税
126 和田さんの場合●鑑定評価、納税猶予で節税

127 おわりに

相続のプロが教える
相続事情

事情その❶
資産家いじめの税制が始まった

改正で自宅と預金だけでも相続税の対象に

相続税の改正が決まり、平成27年1月1日より施行されました。企業の国際競争力が低下し、税収も減ってきた昨今、法人よりも個人、特に資産家から税金を徴収しようというのがその大きな目的です。この流れは相続税に限らず、所得税などを見ても明らかです。

相続税の課税件数の割合は亡くなった方の4％程度に低下していました。それを倍近くに増やすことを目的とした改正であり、これまで相続税はかからないと安心されていた方も課税される場合があります。すでに相続税の課税対象だった方は、さらに相続税が増えることが確実となります。

主な改正は、次のような内容です。

相続税改正①
相続税の基礎控除額が下げられた

平成27年の改正では、相続税の基礎控除額が大幅に減らされました。つまり、それまでと比べると幅広い方々から相続税の負担を求めるということです。

仮に、1億円の相続財産を配偶者と子供3人で相続する場合、これまでは5000万円＋法定相続人の数×1000万円で、9000万円が基礎控除となり、残りの1000万円に対して課税されていました。しかし、改正により、3000万円＋法定相続人の数×600万円で、5400万円が基礎控除となり、課税対象額は4600万円。課税対象額が4倍以上になったのです。

財産が1億円もあるのは一部の人と思うかもしれませんが、大都市圏にマイホームを持ち、預貯金や退職金によりまとまった金額になれば、基礎控除額を超えてしまい課税対象となります。

相続税改正②
最高税率が55％に引き上げられた

基礎控除額の引き下げと合わせて、相続税の最高税率はそれまでの50％から55％に引き上げられました。さらに、6段階だった税率構造も8段階になりました。

2億円超〜3億円以下と6億円超の財産をお持ちの方は、5％も相続税が増えることになります。

現金贈与は要注意
課題は不動産対策に尽きる

相続税は予想以上の増税になりましたので、

相続税改正の概要（基礎控除額と税率）

改正後の税制

基礎控除額

3000万円 + 600万円
× 法定相続人の数

法定相続人の取得金額	税率	控除額
1000万円以下	10%	0円
1000万円超～3000万円以下	15%	50万円
3000万円超～5000万円以下	20%	200万円
5000万円超～1億円以下	30%	700万円
1億円超～2億円以下	40%	1700万円
2億円超～3億円以下	45%	2700万円
3億円超～6億円以下	50%	4200万円
6億円超	55%	7200万円

※ 平成27年1月1日以後開始の相続から適用

各人が、自分の相続税や資産継承について、前向きに対策をしておかないと財産は残せないのです。

相続税を節税したいとき、「現金贈与」を思い浮かべる人も少なくないでしょう。一番簡単で、すぐにでもできることですから、毎年、贈与税のかからない基礎控除の範囲で110万円ずつ贈与していけば、10年で1100万円が贈与できます。すなわち、贈与税も相続税も払うことなく財産を配偶者や子供に渡せるのです。

ところが、最近の税務調査は、現金と預貯金が主流です。評価が大きい不動産ではなく、名義預金や贈与の申告漏れを指摘されるケースが圧倒的に多くなっているのです。それだけに現金や預貯金の扱いや贈与は慎重に行うようにしなければなりません。

一方で、相続税の課税対象者は現金よりも不動産をお持ちの方が多いのが現状です。不動産では千万単位、億単位の評価も珍しいことではありません。けれども不動産は、評価の仕方、活用の仕方で相続税を大きく節税できる可能性も秘めています。

つまり、不安要素が残る現金よりも、不動産を活かして確実に節税をしたほうが相続を乗り切りやすいのです。不動産は対策に取り組みやすく、効果も大きいからです。さらに不動産の活用の仕方によっては、財産価値を高め次世代に継承させることも夢ではありません。これからの相続税の節税対策は不動産を主流に考えるべきなのです。

事情その❷
節税対策に取り組む前に確認したい 5つのチェックポイント

円満な相続を実現するには 感情面、経済面両方に配慮

　これまで、多くの方々の相続をコーディネートしてきましたが、大半の方は、相続に対して不安はあるものの、具体的にどうすべきかまではイメージができていないようです。それでも、いかに納める税金を少なくするか、つまり、節税対策が気になる方が多いのが現状です。

　そして、相続人の感情面にも配慮が必要です。財産が分けられないために、もめることが多いからです。相続人の感情に配慮をし、分け方を考えなければ、節税対策もうまくいきません。節税には、相続が発生してからでもできる対策と、生前に準備しなければできない対策とがあります。さらには、財産の内容や本人と家族の状況や意思により、取り組む対策が変わります。

Check①
相続人の把握

　相続は、財産の内容だけでなく、離婚、再婚、未婚など家族の状況や同居、別居、家業の有無など経済的な状況が複雑に影響してきますので、相続の用意がある場合とない場合では結果が大きく左右されます。

　相続になっても乗り切れる財産にするよう、経済的な対策が必要です。また、感情的な部分にも配慮することで深刻な対立や争いを未然に防ぐことができ、争いのない相続が実現

できます。対策をするために、相続人とその状況把握から始めましょう。

Check②
相続税はかかるのか？

　相続人の把握ができたら、次は相続税がいくらかかるかを確認します。財産の確認、評価と整理をするようにします。

　下記のリストにより、不動産、動産、負債について確認します。そうすることで、相続税がかかる財産なのか、どれくらいの額なのかもわかります。どの財産がどれだけあるかを把握することで、節税対策の方向性も決められるのです。

財産の確認リスト	
プラス財産	土地・建物・借地権・預貯金・有価証券・貸付金など
マイナス財産	借入金・未払い金など
みなし財産	生命保険・退職金など
贈与財産	相続時精算課税制度の贈与財産など

Check③
相続の課題は何か？

　財産に関しては課題の整理も重要です。たとえば1つしかない不動産を複数人で相続する場合には、簡単にいかないこともあります。不動産の担保設定、連帯保証などは持ち越さないほうがいいでしょう。

　また、不動産を共有している場合はトラブルになりかねないため、早めに共有を解消することをおすすめします。

相続のプロが教える　相続事情

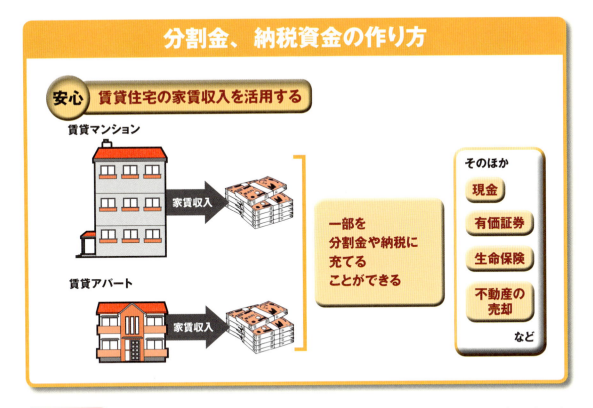

Check④
財産の分け方を決めているか？

　相続対策では「財産を分けられること」と「分け方を決めておくこと」が不可欠です。相続人同士がもめて分割協議がまとまらなければ、特例が使えなくなり、節税もできません。遺言書は相続人が迷ったり争ったりしないための羅針盤になります。生前に十分な話し合いができなかった場合でも、遺言書があれば自分の意思を実現させることができ、悲惨なもめ事も防げます。

Check⑤
分割金、納税資金はあるか？

　相続税の納税は現金で一括納付が原則です。また遺産分割に必要な現金も、合わせて必要になることもあります。相続税の予想額を出し、遺産分割を考えると相続時にどれくらいの現金が必要となるかは、ある程度想定できます。現在の財産で、それに見合う現金や有価証券などの動産がある場合は大きな不安はありませんが、ない場合は、生命保険に加入しておき、分割金・納税資金を準備することもできます。あるいは、売却に時間がかかることもあるので、不動産は早めに売却して換金しておくことも方法の一つです。相続を見据えた分割金・納税資金の準備も節税対策と同様に重要なのです。

　生前に賃貸事業をしていれば、一度にまとまったお金がなくても、家賃収入などを分割金や納税に充てることができます。ただし、収益が安定した賃貸事業にしておくことが大切です。

　収支のバランスが取れて負担がない優良な賃貸事業にしておくことが、相続をスムーズにするプラスの要因となります。

事情その❸

節税は「財産を減らすこと」と「評価を下げること」の組み合わせ

財産を減らせば節税になる

被相続人となる人が、亡くなった時点で所有していた預貯金などの動産、土地・建物などの不動産が、相続財産となります。

相続税の計算は、累進課税となっており、課税額が多くなるほど税率も高くなる仕組みです。財産が多くなれば、当然、相続税も高くなるということです。ということは、財産を減らせば、相続税も少なくなり、それが節税対策になるのです。

財産を減らすために手軽にできることは、現金の贈与で、確実な節税になります。預貯金は、金融機関に預けてある残高がそのまま財産評価となり、亡くなったら1円も減らすことはできません。なおさら、生きているうちに贈与をしておかないといけないと考えたくなります。

しかし、相続税に比べると贈与税の基礎控除額は1人当たり年間110万円しかなく、税率は相続税よりも高くなっています。うっかり贈与すると、相続税よりも贈与税のほうが高かったということになりかねません。

贈与には、相続時精算課税制度もあります。一定の条件のもとに2500万円まで贈与税が無税になる特例です。しかし、この制度は財産の前渡しであり、相続になったら相続財産に加算しますので、相続税の節税にはなりません。注意が必要です。

評価を下げれば節税になる

次に「評価を下げる」ことも、課税額を減らすことになりますので、節税対策になります。評価が下がる相続財産の代表格は不動産で、主なものは土地です。

土地は、亡くなる前も亡くなった後も形は変わりません。しかし、土地には様々な形状や道路状況があります。相続税は、土地の形状や道路状況を考慮して評価してよいことになっていますので、現状の評価をすることで節税ができるのです。

土地はそれぞれに違いがあり、同じものがありません。だからこそ、一つひとつ細かく調査をすると減額の要素はたくさん見つかるのです。土地の評価で減額することで相続税が何千万円も違ってくることもあります。

大きく節税するためには「不動産」を活用する

確実な節税を実現するためには、不動産を主にした対策が必要となります。不動産の対策は、相続発生時までにしておかなければなりません。つまり、生前に節税対策に取り組む必要があるのです。大きな節税を実現するには、いくつかの対策を組み合わせることが必要で、時間がかかることもあります。

ここで、主な対策のアウトラインを確認しておきましょう。

相続のプロが教える　相続事情

生前対策の6つの方法

贈与

自宅を配偶者に贈与

婚姻20年以上の配偶者には、2000万円（暦年贈与を合わせると2110万円）まで無税で贈与できる。

不動産を子供に贈与

家賃収入が被相続人の現金として残ることを回避できる。また、子供の納税資金にもなる。

購入

現金で不動産を購入する

現金で持つより、不動産に換えたほうが評価が下がる。また、現金が減ることで財産が減るので対策になる。

資産組替

土地を売却、賃貸不動産に買い替える

利用価値の低い土地は売却し、収益の上がる賃貸不動産に組み替える。資産価値を高めつつ評価を下げる。

活用

土地に賃貸不動産を建てる

収益を生みながら評価を下げる。また、相続人が複数の場合は、土地に複数棟建てることで分けやすい財産となる。

法人

賃貸経営の会社をつくる

賃貸経営は個人より、法人のほうが税制上のメリットが多くある。また、配偶者や子供を役員にすることで、家賃収入による資産の増加が回避できる。

COLUMN 1

相続対策は弁護士、税理士、信託銀行には頼れない!

①弁護士は最後まで引っ張り出さないほうがよい

相続は親子、きょうだいなど身近な親族が当事者ですから、円満であれば親族で話し合ってまとまります。普通のご家族の場合、争わない限り弁護士に頼む必要はありませんし、むしろ、最後まで、弁護士に依頼せずに円満に進めることが望ましいのです。

ところが、コミュニケーションが取れないと不信感が出て、それぞれの主張が対立して互いに譲れず、感情的になってしまいます。解決するために弁護士を頼んでしまうと、弁護士は依頼者の味方になるため、他の相続人は、別の弁護士に依頼することになり、相続人で話し合う機会はなくなり、普段は仲の良かったきょうだいでも絶縁になるのです。

調停も、裁判も、気持ちを汲み取ったり、救ったりするところではありません。

②相続に慣れている税理士はまだ少ない!

税理士であれば誰でも相続実務に慣れていると思いがちですが、相続に慣れた税理士は少ないのが実情です。相続税法の改正後、納税した方は亡くなった方の8.1%になりました。これは、全国の税理士が相続税の申告を年間1回程度しかしていないという計算にな

ります。

相続人はどうすればいいかわからない方が多く、用意する資料の入手の仕方から遺産分割案や納税案などアドバイスしてもらえる専門家を期待しています。ところが実際は、丁寧な説明がなかったり、アドバイスがなかったり、聞きたいことも聞けない雰囲気だったりして困っているケースもあります。また、不動産の知識が乏しく、生前も、相続後も、不動産対策のアドバイスは期待できません。

③信託銀行は遺産整理が主業務、費用も高い

信託銀行の宣伝効果は大きく、インパクトがありますが、主業務は相続後の遺産整理です。公正証書遺言があれば、遺言執行者の役割を担いますが、遺産分割協議が必要となる場合には、アドバイスはなく、相続人が必要とする節税や分割や納税の実務に関するサポートは期待できません。費用も高いと言えます。

ADVICE

- 弁護士に頼む必要はなく、家族で遺産分割などが進められる専門家に依頼する
- 相続実務の実績を確認し、相続に慣れた税理士を探す
- 信託銀行の担当者は相続の専門家ではないことが多い

第1章

生前に確認しておきたい節税策

基礎知識 相続税の対象になる財産

すべての財産が相続の対象 「みなし財産」も忘れずに

理解すること

- 相続財産とは、金銭に見積もることができるすべての財産のこと。
- 相続や遺贈によって取得したものとみなされる「みなし財産」がある。
- 相続や遺贈によって取得した財産でも、非課税となるものがある。

KEYWORD

みなし財産

相続財産の定義に当てはまらなくても、相続税の対象と「みなされる」財産のこと。被相続人の死亡時には財産ではなかったが、死亡を契機として、その後相続人が受け取る財産で、死亡保険金や死亡退職金がそれに当たる。

相続財産は相続や遺贈で取得した遺産

相続財産とは、被相続人が相続発生時に所有していた土地、家屋、立木、事業（農業）用財産、有価証券、家庭用財産、貴金属、宝石、書画・骨とう、電話加入権、預貯金、現金などの、金銭に見積もることができるすべての財産をいいます。

相続税がかかるのは、原則として、上記のような相続財産や遺贈（遺言で贈与すること）によって取得した財産です。

そのほか、①相続や遺贈によって取得したとみなされる財産、②相続開始前3年以内に被相続人から贈与を受けた財産、③被相続人から贈与を受けた、相続時精算課税制度の適用を受ける財産も、相続税がかかる財産に含まれることになっています。

また、贈与税には、「暦年課税」と「相続時精算課税」がありますが、相続時精算課税制度を利用すると、相続時には、贈与された財産と、相続または遺贈された財産を足した額に相続税がかかります。

支払った贈与税は、相続のときの相続税から控除することができます。

生命保険金や退職金はみなし財産となる

相続税がかかる財産として、もう一つ重要なものは「みなし財産」です。これには下記のようなものがあり、相続や遺贈によって取得したものとみなされます。

・死亡保険金（生命保険金、損害保険金）
・死亡退職金、功労金、弔慰金（一定額を除く）
・生命保険契約に関する権利
・定期金に関する権利（個人年金など）
・遺言によって受けた利益（借金の免除など）

生前に確認しておきたい節税策 ● 第1章

相続税のかかるもの

相続や遺贈で取得した財産

①土地、家屋
②借地権、貸宅地
③現金、預貯金、有価証券
　（小切手、証券、国債、社債など）
④生命保険金、退職手当金、
　生命保険契約に関する権利
⑤貸付金
⑥特許権、著作権、電話加入権
⑦貴金属、宝石、家具
⑧ゴルフ会員権
　⑨書画、骨とう
　　⑩事業（農業）用財産

みなし財産

①死亡保険金（生命保険金、共済金）
②死亡退職金（功労金などを含む）
③生命保険契約に関する権利
　（被相続人が保険料を負担したもの
　で、保険事故未発生分）
④定期金に関する権利
　（年金保険契約などの年金受給権）
⑤信託受益権（遺言による信託受益権）
⑥贈与税の納税猶予を受けた非上場
　株式、農地等
⑦その他（遺言による債務
　　免除益など）

その他の財産

①相続開始前3年以内
　の贈与財産
②相続時精算課税制度
　を選択した贈与財産

**民法上の相続財産
より範囲が広い**

　なお、生命保険は、契約者・被保険者が被相続人の場合と契約者が被相続人で被保険者が相続人の場合などでは評価が異なるため、注意が必要です。

生命保険金や退職金には非課税枠がある

　ただし、相続や遺贈によって取得した財産でも、非課税とされているものがあります。
・墓地、墓石、神棚、仏壇、位牌など（ただし、商品や骨とう品、投資対象として所有しているものは除く）
・生命保険金（500万円×法定相続人分）

・死亡退職金（500万円×法定相続人の数）
・弔慰金（業務上の死亡は給料の3年分、そのほかの死亡は給料の6カ月分）
・公益法人への申告期限内の寄付金
などの財産が非課税として課税対象から除かれています。

　ただし、前述したように、生命保険金は、契約者・被保険者が被相続人であれば相続財産となりますが、保険料負担者が被相続人でない場合は相続財産とはなりません。

　貴金属・宝石・家具などの家庭用財産は、購入価格ではなく、一式いくらで評価することが一般的です。

基礎知識 相続税の控除の対象

債務や未払い金は相続財産から差し引くことができる

理解すること

- 金融機関からの借入金は、控除の対象となる。
- 通夜、告別式に要した費用などの葬式費用も控除の対象となる。
- 本来は被相続人が納めるべき所得税や消費税も控除の対象となる。

KEYWORD

準確定申告
税金に関する申告手続きのことで、税務署で行う。日本では毎年3月に前年分の確定申告をするが、相続の場合は、その年の1月1日から亡くなった日までの収入について、亡くなった日の翌日から4カ月以内に申告することになっている。

債務や葬式費用は差し引くことができる

住宅ローンや事業用ローンなど、金融機関からの借入金が残っていれば、被相続人の債務として相続財産の価額から差し引けます。

同様に、葬儀費用も差し引けます。葬儀費用とみなされるのは、お寺などへの支払い、葬儀社、タクシー会社などへの支払い、通夜、告別式に要した費用などです。香典返しの費用や法要に要した費用、墓地や墓碑などの購入費用は、葬儀費用として差し引くことはできませんので、注意してください。

このほかに、被相続人が納めなければならなかった国税、地方税などのうち、まだ納めていなかったものや、亡くなった後に支払った入院費用などは、未払い金として差し引くことが可能です。また、被相続人が賃貸経営をしていた場合、物件の敷金、保証金もいず

れは返さなければならない預かり金なので、相続財産から差し引くことができます。

被相続人の所得税や消費税は差し引ける

被相続人に所得がある場合は、相続開始日の翌日から4カ月以内に、所得税・消費税の申告をしなければなりません。たとえば、賃貸事業をしている場合は、毎年3月に前年分の確定申告をしますが、相続の場合は、その年の1月1日から亡くなった日までの収入につき準確定申告をすることになります。亡くなる前の医療費は準確定申告で使用し、亡くなった後に払った医療費は相続の債務として差し引くようにしますが、同一生計親族なら相続人の確定申告でも使用できます。この申告で納めることとなった所得税・消費税は、本来は被相続人が納めるべきものです。債務として相続財産から差し引くことができます。

生前に確認しておきたい節税策 ● 第 1 章

控除対象になる債務と葬式費用

●債務や未払い金は控除できる

住宅ローン や事業用 ローンなど

その他金融 機関からの 借入金

被相続人が 納めるべき 所得税や 消費税

亡くなった 後に払った 医療費

など

●葬式費用には控除できるものとできないものがある

控除 できる

●埋葬、火葬などに要した費用
（仮葬式と本葬式を行う場合は双方の費用）
●葬式に際し施与した金品で、被相続人の職業、財産など から相当程度認められるものに要した費用
（お布施、読経料、戒名料など）
●遺体の捜索または、遺体もしくは遺骨の運搬に要した費用
●その他、葬式の前後に要した費用で、通常葬式に伴うと 認められたもの

控除 できない

●香典返礼費用
●墓碑および墓地の購入費ならびに墓地の借入料
●初七日、四十九日の法要に要した費用
●医学上または裁判上の特別処置に要した費用

015

基礎知識　相続財産の評価

相続財産は亡くなった日の時価で評価される

理解すること

- 相続財産は、財産評価基本通達に基づく時価に従って評価。
- 被相続人が貯めてきた預貯金は、残高が財産評価となる。
- 生命保険事故が発生していない場合は、原則、解約返戻金の額で評価する。

KEYWORD

解約返戻金

生命保険などで、生命保険事故に遭わないままで解約したときには、積み立てていた金額の一部が戻ってくる。これを解約返戻金という。死亡したときに支払われる死亡一時金も、ほぼ同じ金額が支払われることが多い。

財産評価基本通達に従い時価を公平に評価

相続財産の評価は、亡くなった日の時価（実際の取引価格）による評価が原則で、財産の種類ごとに評価方法が定められています。

時価とは、課税時期においてそれぞれの財産の現況に応じ、不特定多数の当事者間で自由な取引が行われる場合に通常成立すると認められる価額をいいます。

しかし、時価といっても、その算定は簡単ではありません。そこで、様々な財産を公平に評価するため、国税庁では財産評価基本通達によって、財産の種類ごとに具体的な評価方法を定め、これに従って評価します。

預貯金は残高が評価額になる

被相続人がそれまでに貯めてきた預貯金は、残高がそのまま財産評価となります。評価は相続開始当日のものです。普通預金や通常貯金は、相続開始日の残高がそのまま評価額になりますが、定期預金や定期郵便貯金など貯蓄性の高いものは、預入額に課税時期現在までの分を算出した利子を加えなければなりません。ただし、源泉税は差し引きます。

また、年金のうち、年金保険は相続税の課税財産として計上します。厚生年金などの公的年金制度から支給される遺族年金には課税されません。

生命保険金の権利評価は解約返戻金で評価する

被相続人が保険料を負担していて、相続時点で保険に相当する事故が発生していない生命保険契約については、契約者や権利を相続した人に所得税や贈与税が課税されます。

相続開始時にまだ保険事故が発生していな

生前に確認しておきたい節税策 ● 第1章

主な財産の評価方法

財産の種類	評価方式
宅　　　地	①市街地：路線価方式　②郊外地：倍率方式
貸　　　地	宅地の価額 － 借地権の価額
私　　　道	①不特定多数のものが通行：0 ②その他：通常評価額 ×0.3
建　　　物	①貸家：固定資産税評価額 ×0.7 ②その他：固定資産税評価額 ×1.0
借　地　権	宅地の価額 × 借地権の割合
借　家　権	家屋の価額 × 借家権の割合（一般的に評価しない場合が多い）
預　貯　金	預入残高 ＋ 経過した分の利子
一 般 動 産	調達価額
書画・骨とう	売買実例価額、精通者意見価格などを参考
電 話 加 入 権	各国税局の定める標準価額（東京：2000円）
ゴルフ会員権	通常取引価額 ×0.7

い生命保険契約に関する権利の価額は、相続開始時にその契約を解約する場合に支払われることとなる解約返戻金の額によって評価します。

なお、解約返戻金のほかに支払われることとなる前納保険料、剰余金の分配額などがある場合には、これらの金額を加算し、さらに、解約返戻金の額につき源泉徴収されるべき所得税の額に相当する金額がある場合には、その金額を差し引いた額により、生命保険契約に関する権利の価額を評価することとなります。

基礎知識 株式の評価

株式は3種類に分類して評価される

理解すること

- 株式の評価方法は、上場株式、気配相場等のある株式、取引相場のない株式に分かれる。
- 取引相場のない株式は、原則的評価方式で区分して評価する。

KEYWORD

上場株式
証券取引所で売買される株式のこと。上場するためには、取引所などが定める上場基準を満たし、審査に合格する必要がある。一方、日本証券業協会の登録銘柄や店頭管理銘柄、あるいは公開途上にある株式を「気配相場等のある株式」という。

株式は評価方法により3種類に分かれる

株式には以下の3種類があり、それぞれに評価方法が違います。

①上場株式

上場株式は、その株式が上場されている金融商品取引所が公表する課税時期の最終価格で評価します。課税時期とは、被相続人が死亡した日や贈与を受けた日のことです。

ただし、課税時期の最終価格が、次の3つの価額のうち最も低い価額を超える場合には、その最も低い価額で評価します。

イ　課税時期の月の毎日の最終価格の平均額

ロ　課税時期の月の前月の毎日の最終価格の平均額

ハ　課税時期の月の前々月の毎日の最終価格の平均額

なお、課税時期に最終価格がない場合や、その株式に権利落ちなどがある場合には、一定の修正をすることになっています。

以上が原則ですが、負担付き贈与や個人間の対価を伴う取引で取得した上場株式は、その株式が上場されている金融商品取引所の公表する課税時期の最終価格により評価します。

②気配相場等のある株式

気配相場等のある株式を相続、遺贈または贈与によって取得した場合には、次のように評価します。

(1)登録銘柄や店頭管理銘柄の評価

登録銘柄や店頭管理銘柄は、日本証券業協会の公表する課税時期の取引価格によって評価します。この場合、その取引価格に高値と安値がある場合は、その平均額によります。

ただし、その取引価格が、次の3つの価額のうち最も低い価額を超える場合には、その最も低い価額で評価します。

生前に確認しておきたい節税策 ● 第１章

株式の3種類の評価

財産の種類	評価の基準	評価方式
上場株式	取引価格	相続開始日の終値 相続開始日が属する月の終値の平均額 相続開始日が属する前月の終値の平均額 相続開始日が属する前々月の終値の平均額 上記のうち最も低い価格
気配相場等のある株式	原則として取引価格	上場株式と同様の評価方法
取引相場のない株式	会社の利益・配当・資産価値または相続税評価基準による純資産価額	オーナー株主が取得した場合 　大会社　原則として類似業種比準価額 　中会社　類似業種比準価額と、純資産価額との併用方式による価額 　小会社　純資産価額（または、類似業種比準価額との併用方式による価額） オーナー株主以外が取得した場合 　配当還元価額

イ　課税時期の月の毎日の取引価格の平均額

ロ　課税時期の月の前月の毎日の取引価格の平均額

ハ　課税時期の月の前々月の毎日の取引価格の平均額

　なお、課税時期に取引価格がない場合や、その株式に権利落ちなどがある場合には、一定の修正をすることになっています。

　以上が原則ですが、負担付き贈与や個人間の対価を伴う取引により取得した登録銘柄や店頭管理銘柄は、日本証券業協会の公表する課税時期の取引価格によって評価します。

(2)公開途上にある株式の評価

　上場または登録に際して、株式の公募または売り出しが行われる場合における公開価格によって評価します。

③取引相場のない株式

　取引相場のない株式（上場株式、登録銘柄、店頭管理銘柄および公開途上にある株式以外の株式）は、相続や贈与などで株式を取得した株主が、その株式を発行した会社の経営支配力を持っている同族株主か、それ以外の株主かの区分により、それぞれ原則的評価方式または特例的な評価方式の配当還元方式によって評価します。

　また、原則的評価方式は、評価する株式を発行した会社を従業員数、総資産価額および売上高によって大会社、中会社または小会社のいずれかに区分して、評価することになっています。

基礎知識 土地の評価

相続財産で最も多い土地は評価の仕方が複雑

理解すること

- 市街地にある宅地は「路線価方式」で、それ以外の土地は「倍率方式」で評価。
- 路線価方式では、土地の形状や位置によって減算、加算されることがある。
- 家屋は、固定資産税の評価額がそのまま相続税評価額になる。

KEYWORD

路線価

路線（道路）に面する標準的な土地の1㎡当たりの価額のことで、その年の1月1日の価額が基準になる。通常毎年7月に国税庁によって公表される。国税庁のホームページで確認することができる。
https://www.rosenka.nta.go.jp

土地の評価は路線価方式と倍率方式

土地のうち、市街地にある土地は「路線価方式」で評価し、それ以外の土地については、「倍率方式」で評価します。

路線価とは、路線（道路）に面する標準的な土地の1㎡当たりの価額のことで、国税庁が毎年公表し相続税、贈与税の算定基準としています。

路線価で評価するには土地の所在により面している道路を確認し、次に登記簿や固定資産税評価証明書で確認した土地の面積をかけて計算します。

一方、倍率方式とは、路線価が定められていない地域の評価方法です。その土地の固定資産税評価額に一定の倍率をかけて計算します。この倍率も国税庁が公表します。

路線価方式は減算項目と加算項目を考慮

路線価に面積をかけて評価額を出すだけでは、具体的な土地の形状によっては正確な評価額といえないことがあります。

そのため、土地の形状や位置を考慮して、基本の価格から補正率を加算・減算して評価します。たとえば、宅地の一方のみが路線に面している場合、間口が狭い場合、奥行きが長大な場合や、がけ地や不整形地、無道路地に関しても、一定の割合を減算して評価することになっています。これを路線価方式の減算項目といいます。

また逆に、宅地が角地にある場合や、二方に道路がある土地などは、一定の割合を加算して評価します。これは路線価方式の加算項目となります。

生前に確認しておきたい節税策 ● 第1章

路線価方式の減算・加算項目

●普通商業・併用住宅地区の場合

路線価方式の減算項目 奥行きが35mなら2%減算される

奥行き補正率
30万円/㎡ × **0.98** = 29万4000円/㎡
29万4000円/㎡ × 700㎡
= 2億580万円

路線価方式の加算項目 2路線に面すると側方分の加算がある

側方路線価の加算分
30万円/㎡ + **20万円 × 0.08**
= 31万6000円/㎡
31万6000円/㎡ × 700㎡
= 2億2120万円

1路線に面する場合に比べ1540万円高い評価になる

建物評価は固定資産税評価額

　家屋の評価方式は「倍率方式」となり、全国一律1倍になっています。
　つまり、固定資産税の評価額がそのまま相続税評価額になります。
　自分の建物であっても賃貸住宅などで借家人の入っている家屋は「借家権」を差し引き、計算します。
　固定資産税評価額 ×（1－借家権割合）という算式になりますが、借家権割合は一般的に30％を用いていますから、貸家は通常評価の70％で評価されることになります。建築中の建物は、費用原価の70％相当額で評価することになっています。
　また、家屋から独立した門や塀、庭木、庭石、池などの庭園設備は、別途に評価されます。

基礎知識 借地や貸宅地の評価

借地や貸宅地は更地よりも評価が下がる

理解すること

- 「借地権」は、評価額に借地権割合をかけて評価する。
- 「貸宅地」は、評価額から借地権割合を引いて評価される。
- 「貸家建付地」は、評価額から借地権割合と借家権割合をかけた分を引く。

KEYWORD

借地権割合

借りている土地の何割が借地権に相当するかを示す割合をいう。一般的に商業地のほうが住宅地よりも高くなる。路線価図を見ると、借地権割合の数値のほか、その適用範囲もわかるようになっている。

土地を借りている場合は「借地権」の評価をする

建物は所有しているが、土地を借りている場合、土地を借りている権利を「借地権」といい、相続財産として評価されます。借地権は、更地（自宅用の土地）の評価額に借地権割合をかけて計算します。借地権割合は地域ごとに決められており、路線価図で確認できます。路線価図には、アルファベットA〜Gで30％〜90％の借地権割合が表示されています。Aならば90％、Bならば80％といった具合です。仮に土地の評価額が1億円で、借地権割合がDの60％だった場合、借地権の評価額は6000万円になります。

土地を貸している場合は「貸宅地」の評価をする

土地を所有しているが、貸しており、借地

人が建物を建てているという場合の土地の権利を「底地」といいます。左記のように評価額が1億円の土地で借地権割合がDの60％であれば、「底地」の評価額は4000万円です。「底地」は土地の所有者の財産で、相続のときは、「貸宅地」として評価されます。

貸宅地のように他人に貸している土地には、借地人の権利があり、すぐに明け渡してもらうというわけにはいきません。そのため、更地の評価額から借地人の持っている借地権を控除して評価することになっているのです。

アパートを建てると「貸家建付地」となり評価が下がる

土地所有者が自分名義の賃貸アパートやマンションを建てて賃貸している場合、その土地は「貸家建付地」となり、更地の評価額から借地権割合と借家権割合（全国一律30％）をかけた分を引くことになっています。

生前に確認しておきたい節税策 ● 第1章

貸宅地と貸家建付地

●土地を他人に貸している場合＝貸宅地

評価額　借地権割合
1億円 × **60%** = 6000万円

1億円 − 6000万円 = **4000万円**
評価額

借地権割合分だけ評価額は減る

●賃貸マンションやアパートを建てている場合＝貸家建付地

評価額　借地権割合　借家権割合
1億円 × (1 − **60%** × **30%**)
= **8200万円**
評価額

土地＝自分　アパート＝自分

借地権割合×借家権割合の分だけ土地の評価額は減る

　貸家建付地の価額は、自用地とした場合の価額−（自用地とした場合の価額×借地権割合×借家権割合×賃貸割合）で評価します。
　たとえば、借地権割合が60％の土地では、60％と30％をかけた18％が貸家建付地の減額となります。ここも土地評価額が1億円だとすると、
　1億円×(1−60％×30％)＝8200万円
（※全部を賃貸している場合）
1億円の土地が8200万円の評価になるのです。
　また、アパートなどの各独立部分の一部が課税時期において空室となっていれば、その部分は貸家建付地とならずに賃貸割合をかけて算出しますが、下記のように一時的に空室になっていたにすぎないと判断されるものについては、課税時期においても賃貸されていたものとして評価されます。

①各独立部分が課税時期前に継続的に賃貸されてきたものであること。
②賃借人の退去後速やかに新たな賃借人の募集が行われ、空室の期間中、ほかの用途に供されていないこと。
③空室の期間が、課税時期の前後の1カ月程度であるなど、一時的な期間であること。
④課税時期後の賃貸が一時的なものではないこと。

基礎知識 相続の順位

相続人には、決められた範囲や優先順位がある

理解すること

- 相続人の範囲と順位は、直系卑属、直系尊属に分けられている。
- 配偶者はどんな場合でも相続人となる。
- 養子にも、実子と同じ相続権が発生する。

KEYWORD

相続人と被相続人

亡くなった方が被相続人、相続する人が相続人。正確には「法定相続人」といい、民法により相続する人と順番は決められている。配偶者は常に相続人となり、父母と兄弟姉妹は上の順位の相続人がいない場合にのみ相続人となる。

相続人は配偶者および血族と決められている

民法では、相続人の範囲と相続する順位が決められています。血族関係にある相続人は直系卑属（子や孫など）、直系尊属（父や母など）の2つに分けられます。相続を放棄した人や相続権を失った人は、初めから相続人でなかったものと見なされます。

配偶者（亡くなった人の妻や夫）は、どんなときでも相続人となります。ただし相続権があるのは、婚姻届が出されている正式な配偶者に限られ、籍を入れていない内縁関係の場合は、相続人にはなれません。

子、父母、兄弟姉妹の順番で相続する

法律で定められた相続人（法定相続人）全員が公平に財産を相続できるわけではなく、

誰が優先的に相続できるかも決められていて、上位の順位者がいるときには、下位の順位の血族には相続権はありません。

順番としては、まず被相続人の子が相続人となります。子が被相続人の相続開始以前に死亡しているときや相続権を失っているときは、孫（直系卑属）が相続人となります。このように本来の相続人の代わりになる人を代襲相続人といいます。

次に、被相続人に子や孫（直系卑属）がいない場合は、被相続人の父母（直系尊属）が相続人になり、父母が被相続人の相続開始以前に死亡しているときや相続権を失っているときは、祖父母（直系尊属）が相続人となります。

最後に、被相続人に子や孫（直系卑属）も父母や祖父母（直系尊属）もいないときは、相続人は被相続人の兄弟姉妹となります。兄弟姉妹が被相続人の相続開始以前に死亡しているときや相続権を失っているときは、おい、

生前に確認しておきたい節税策 ● 第1章

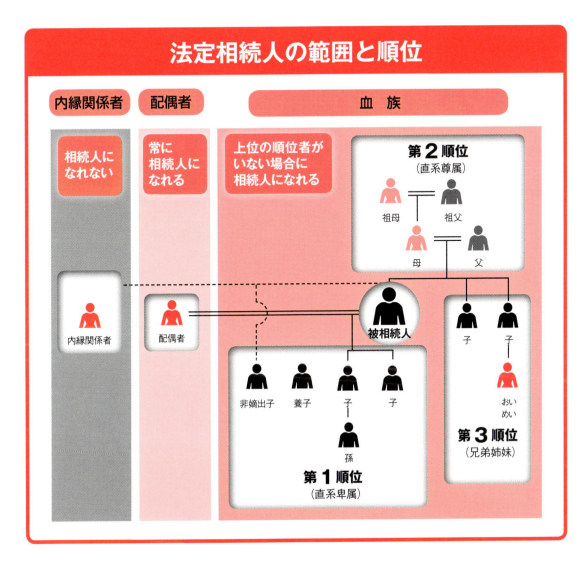

めい（兄弟姉妹の子）が相続人となります。

養子や非嫡出子にも相続権がある

　養子にも実子と同じように相続の権利があります。養子縁組をしている相続人は、何人いても相続人の立場は変わりませんが、相続税の基礎控除の計算に組み入れることができる養子の数は、決められています。

　被相続人に実子がある場合は1人、実子がない場合は2人までとなっています。

　ただし、以下の場合の養子は、相続税の計算上、実子と見なされ、養子規制の対象からはずされます。

①特別養子制度によって養子になった人
②配偶者の連れ子を養子にした場合
③代襲相続人

　また正式な婚姻関係にない男女間の子を「非嫡出子」といいますが、父親から「認知」を受けていれば、実子や養子と同様に第1順位の相続人になります。養子や非嫡出子は「法定血族」といいます。また胎児にも相続権があります。

基礎知識 遺産の分割

財産の分け方は話し合いで決めなければならない

理解すること

- 相続税の申告までに、話し合いによる遺産分割をしなければならない。
- 遺産相続の割合を相続分といい、民法で定められている。
- 遺産分割方法には、現物分割、代償分割、換価分割がある。

KEYWORD

相続税の申告

申告書の提出期限は、相続開始の日、つまり亡くなった日の翌日から10カ月以内までで、被相続人の死亡時の住所を所轄する税務署に提出する。申告期限を過ぎていても、税務署長の通知が届く前であれば、申告書を提出できる。

財産を分ける「遺産分割」

　財産は、被相続人の死と同時に自動的に相続人に移転します。しかし、そのままでは、相続人たちは、相続財産全体を共有財産として所有しているにすぎません。

　相続人が複数いるときは、誰がどの財産をどれくらいの割合で相続するかといった話し合いをして、遺産の分け方を決めなければなりません。この遺産の分配を「遺産分割」といい、その割合を「相続分」といいます。

　遺産の分割には決まった期限はありませんが、相続税の申告までに決まらないと配偶者の税額軽減の特例などが受けられないため、その頃を目安として分割しておいたほうがいいでしょう。

　遺産分割が決まれば、遺産分割協議書を作成します。遺産分割協議書の作り方には決まったルールはありませんが、後にもめ事を

起こさないためにも、次の2点には注意が必要です。

①相続人全員が名を連ねること
②印鑑証明を受けた実印を押すこと

　さらに、相続人に未成年者がいる場合は、家庭裁判所で特別代理人の選任を受けた代理人が協議を行うことになります。

相続の割合は民法で決まっている

　民法で定められた相続分を法定相続分といいます。

①相続人が配偶者と子の場合→配偶者1／2　子1／2
②相続人が配偶者および被相続人の直系尊属の場合→配偶者2／3　直系尊属1／3
③相続人が配偶者および被相続人の兄弟姉妹の場合→配偶者3／4　兄弟姉妹1／4

　相続人が被相続人より前に死亡したり、相

生前に確認しておきたい節税策 ● 第1章

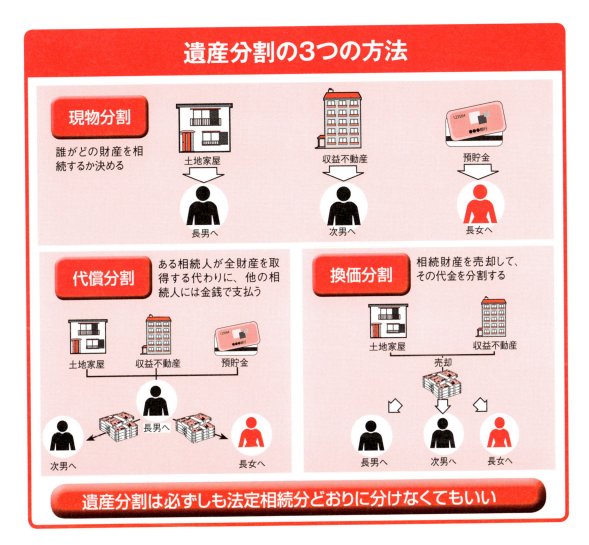

遺産分割の3つの方法

遺産分割は必ずしも法定相続分どおりに分けなくてもいい

続権を失った場合には子や孫が、本来相続人になるべきであった人の相続分をそのまま受け継ぎます。子、直系尊属、兄弟姉妹が複数いる場合は、それぞれの相続分を頭割りにします。嫡出子と非嫡出子は同等です。

遺言書がない場合、遺産分割方法についての指定がない場合

　遺言書がない場合、相続人全員が納得すれば、財産はどのように分けてもかまいません。つまり、必ずしも法定相続分どおりに分ける必要はないのです。

　遺産を分割する具体的な方法には、次の3つがあります。

・現物分割……誰がどの財産を取得するか決める方法。最も一般的。
・代償分割……ある相続人が全財産を取得する代わりに、他の相続人たちに相続分相当の金銭を支払う方法。
・換価分割……相続財産を売却して、その代金を分割する方法。

　以上の方法を組み合わせることも可能です。
　また、遺産の共有、すなわち遺産を相続人全員で所有するという選択肢もありますが、上記のいずれかの方法で相続人ごとに分割を決めることが一般的です。

基礎知識　遺言書と遺留分

本人の意思である遺言書は法定相続分より優先される

理解すること

- 指定相続では、相続人を、遺言書で指定することができる。
- 遺言書は法定相続分より効力があるので、遺言で自由に処分することができる。
- 遺族が生活に困らないよう、遺留分が設定されている。

KEYWORD

遺言書

自分の意思を生前に文書にしたもので、法律的に保護される。相続人の間に不和がある場合、内縁の妻や認知した子供がいる場合、世話になった他人に一部を分け与えたい場合など、遺言を残しておいたほうがよいケースも多い。

遺言書がある場合はその内容を優先

遺言書で相続人を指定している場合は、指定相続となります。これは、相続人が何人もいる場合、被相続人が遺言によって、特定の相続人、または全員の相続分を指定することができるという制度です。

被相続人が各人にどのように財産を与えたいかを考えるのは、当然の心理といえます。遺言書があれば法定相続分より優先されるため、被相続人は、自分の財産を遺言によって自由に処分することができます。しかし、まったく自由ということになると、たとえば愛人や他人などに与えられてしまい、遺族が生活に困るといったケースも出てきます。

こうした事態を避けるために、一定の範囲の相続人が最低限相続できる財産を保証しています。これが「遺留分」です。

遺留分が侵害されたら減殺請求で取り戻す

この遺留分が侵害されたとわかったときは、相手方に財産の取り戻しを請求します。これを「遺留分の減殺請求」といいます。

減殺の請求をするときは、文書で相手方に「減殺する」という意思表示だけをすればよいのです。「遺留分の減殺請求」は法的に守られているため、相手がどうしても応じない場合は、家庭裁判所に調停を申し立てることになります。

遺留分の減殺を請求できる期限は、相続があることを知ってから1年以内、侵害されていることを知らなかった場合は、それを知ってから1年となります。相続の開始から10年を経過すると、遺留分減殺請求権は時効となり消滅してしまうので、確実に期限内に請求することが必要です。

相続人の組み合わせによる遺留分の割合

配偶者+子
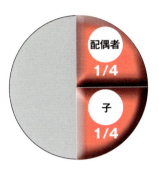
配偶者 1/4
子 1/4

配偶者+親
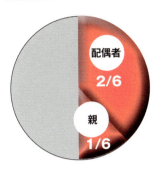
配偶者 2/6
親 1/6

配偶者+兄弟姉妹

兄弟姉妹には遺留分なし
配偶者 1/2

子のみ
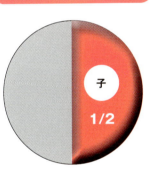
子 1/2

親のみ
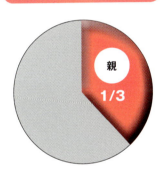
親 1/3

兄弟姉妹のみ
兄弟姉妹には遺留分なし

最低限相続できる財産は守られている

特別受益は相続分から差し引く

相続人の中で、遺贈（遺言で贈与すること）を受けたり生前に資金援助を受けたりした者がいるとき、これを特別受益という。相続の前渡しをしたものとして、相続分から差し引いて、計算することになる。

寄与分は別枠で扱う

被相続人の事業に関する労務の提供、被相続人の事業に関する財産上の給付、被相続人の療養看護等での方法により、被相続人の財産の維持または増加につき特別の寄与をした者があるときは、財産の価格から寄与分を別枠として相続し、残りを配分する。

| 基礎知識 | 相続税の計算 |

相続財産の課税価額を出し相続税を計算する

理解すること

- 相続財産が基礎控除額より少なければ、相続税はかからない。
- 相続税の計算の第1段階は、課税価額の算出。
- 次に、基礎控除額を差し引いて、相続税の総額を出す。

KEYWORD

按分（あんぶん）
相続税の総額を出した後、実際の相続割合に応じて相続税を分けて、各自の税額を算出する。財産を多く相続する人が相続税も多くなる。

基礎控除額を超えたら必ず申告が必要になる

財産を取得すれば必ず相続税がかかるというものではありません。

相続税には基礎控除があり、平成27年1月1日からは、3000万円＋600万円×法定相続人の数となっています。法定相続人が配偶者と子供2人であれば、基礎控除の額は4800万円となります。この場合、財産が4800万円以下であれば、相続税がかかることはなく、相続税の申告をする必要もありません。

しかし、相続や遺贈によって財産を取得した人が、その相続前3年以内に被相続人から財産の贈与を受けていたときは、その贈与の価額をその人の相続税の課税価額に加えることになっているため、贈与財産も加算した合計額を相続財産とします。そして、財産が基礎控除を超える場合は、申告期限までに相続

税の申告をする必要があります。

相続税の申告書の提出期限は、相続開始の日（亡くなった日）の翌日から10カ月以内です。なお、小規模宅地等の特例などを適用することにより、課税価額の合計額が基礎控除以下となる場合には、相続税はゼロとなりますが、これは相続税の申告をして初めて特例が適用されるものであり、相続税の申告は必ずしなければなりません。

また、配偶者の税額軽減の特例も同様で、申告をしなければ適用はできません。納税がないから申告しなくてもいいということにはなりませんので、注意が必要です。

相続税は総額を出してから相続割合で按分する

では、相続税はどのように算出するのかを、右ページの図を参照しながら見ていきましょう。

相続税の総額は、実際の遺産分割に関わり

生前に確認しておきたい節税策 ● 第1章

納税額を算出する4つのステップ

● 相続税の算出

ステップ1 課税価額を算出

課税価額　**1億円**

相続人
 妻 7/10
 子 2/10
 子 1/10

7000万円　2000万円　1000万円を
それぞれ相続すると仮定する

ステップ2 課税価額の基礎控除後の算出

1億円 － 基礎控除額（3000万円＋600万円×3人）＝ 課税価額 5200万円

ステップ3 総額を算出 仮の相続税の

法定相続分で分割したと仮定する

妻　5200万円 × 相続割合 1/2＝2600万円
　　2600万円 × 税率15％ － 50万円 ＝ **340万円**

子　5200万円 × 相続割合 1/4＝1300万円
　　1300万円 × 税率15％ － 50万円 ＝ **145万円**

子　5200万円 × 相続割合 1/4＝1300万円
　　1300万円 × 税率15％ － 50万円 ＝ **145万円**

総額 **630万円**

ステップ4 税額の算出 納付すべき

妻　630万円 × 7/10＝441万円　配偶者の税額軽減により **0円**
子　630万円 × 相続割合 2/10＝ **126万円**
子　630万円 × 相続割合 1/10＝ **63万円**

総額 **189万円**

相続する割合で納税額が変わる

相続税の速算表

基礎控除額	3000万円＋600万円×法定相続人の数	
法定相続人の取得金額	税率	控除額
1000万円以下	10%	0円
1000万円超～3000万円以下	15%	50万円
3000万円超～5000万円以下	20%	200万円
5000万円超～1億円以下	30%	700万円
1億円超～2億円以下	40%	1700万円
2億円超～3億円以下	45%	2700万円
3億円超～6億円以下	50%	4200万円
6億円超	55%	7200万円

● 法定相続分に税率をかけ、控除額を差し引いて計算する

（例）法定相続分が1500万円の場合
1500万円 × 0.15 － 50万円
＝ 175万円

なく、遺産総額および法定相続人と法定相続分という客観的基準によって算出することになっています。
　そのうえで、相続税の総額を実際の相続割合に応じて按分し、各人の相続税額を算出する仕組みになっています。
　実際の納付税額は、この算出税額から各種の税額控除を引いた金額になります。

基礎知識 相続税の税額控除

相続税が**控除される項目**と**2割加算される項目**がある

理解すること

- 相続税の税額控除には、配偶者控除や未成年者控除など、6種類ある。
- 最も節税効果が高いのが配偶者控除で、税負担を軽減する目的がある。
- 孫や兄弟姉妹が財産を取得した場合は、算出税額が2割増しになる。

KEYWORD

配偶者控除

配偶者控除を受けるためには、「婚姻届が出ている法律上の配偶者であること」「相続税の申告期限までに、相続人・包括受遺者間で遺産分割が確定していること」という2つの条件を満たさなければならない。

相続税の税額控除には6種類ある

相続税における税額控除は6種類あり、適用すれば税額から控除されます。

1．配偶者控除（配偶者の税額軽減）

①配偶者が相続する割合が法定相続分以下の場合は、相続税はかかりません。

②配偶者が相続する財産が1億6000万円以下の場合は、相続税はかかりません。

ただし期限内（10カ月以内）に遺産分割協議を完了させて、相続税の申告と納付を済ませておかなければなりません。

配偶者の税負担を軽減するため、最も節税効果の高い控除となっています。

2．未成年者控除

未成年者が20歳に達するまでの年数1年につき10万円が控除されます。

10万円 ×（20歳 − 相続開始時の年齢）＝ 未成年者控除

3．贈与税額控除

相続開始前3年以内の贈与財産は、相続税の対象として加算されますが、贈与税をすでに払っている場合は相続税から控除できます。

4．障害者控除

①一般障害者の場合は、対象者の年齢が満85歳になるまでの年数1年につき10万円が控除されます。

10万円 ×（85歳 − 相続開始時の年齢）＝ 一般障害者控除

②特別障害者の場合は、対象者の年齢が満85歳になるまでの年数1年につき、20万円が控除されます。

20万円 ×（85歳 − 相続開始時の年齢）＝ 特別障害者控除

5．相次相続控除

10年以内に2回以上の相続が続いたときは、前回の相続にかかった相続税の一定割合

生前に確認しておきたい節税策 ● 第1章

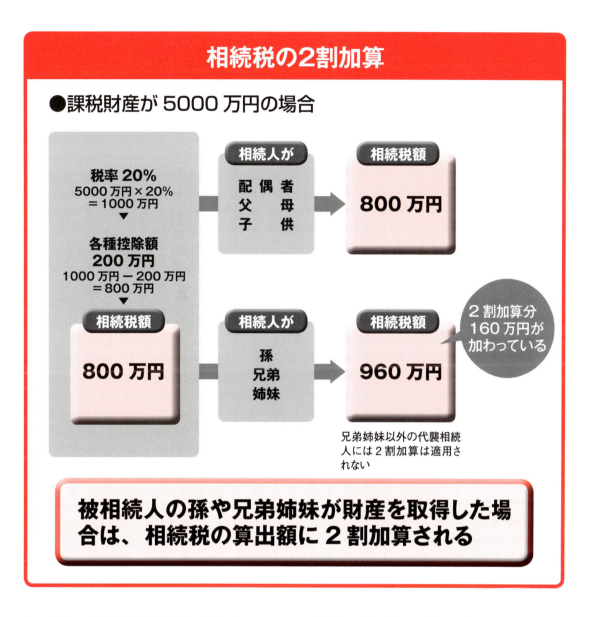

相続税の2割加算

●課税財産が5000万円の場合

税率20%
5000万円×20%
＝1000万円
▼
各種控除額
200万円
1000万円−200万円
＝800万円
▼
相続税額
800万円

相続人が 配偶者 父母 子供 → 相続税額 800万円

相続人が 孫 兄弟 姉妹 → 相続税額 960万円

2割加算分160万円が加わっている

兄弟姉妹以外の代襲相続人には2割加算は適用されない

被相続人の孫や兄弟姉妹が財産を取得した場合は、相続税の算出額に2割加算される

を、今回の相続税額から控除できます。

6．外国税額控除

海外に財産がある場合、外国で日本の相続税に当たる税金を払うこともあります。そうした場合は、外国で払った税金分を、日本の税金から差し引くことができます。

孫や兄弟姉妹が相続人の場合相続税の2割加算になる

被相続人の配偶者や一親等の血族（父母や子供）以外の者が財産を取得した場合は、算出税額にその2割を加算するというものです。

たとえば、被相続人の孫や兄弟姉妹が財産を取得した場合は、その算出税額が2割増しになります。養子になっている孫も同様に加算の対象です。

ただし、兄弟姉妹以外の代襲相続人（被相続人より先に亡くなった相続人に代わって相続する相続人）には、2割加算は適用されません。

基礎知識 相続税の申告と納税

相続税は**申告期限**までの**現金納付**が原則

理解すること

- 相続税は現金で納付するのが原則。条件次第で延納もできる。
- 現金で納付できない場合は、条件次第で物納もできる。
- 農地を相続する場合は、納税猶予を受けることができる。

KEYWORD

延納と利子

延納の場合、相続財産における不動産の割合や延納期間により、利子税が設定される。たとえば、不動産の割合が75%以上とすると、延納期間は最高20年で2.10※%の利子税が、不動産などに対応する税額に加算されることになる。

※日本銀行が定める基準割引率が0.3%の場合

相続税は現金納付が原則 払えないときは延納できる

相続税の納付期限は、申告期限と同じで、全額を金銭で一括納付するのが原則になっています。よって被相続人が亡くなった翌日から10カ月以内に現金で納付しなければなりません。

しかし、相続した財産の大部分が不動産で、現金で相続税を納付することが難しいこともあります。このような場合は、税額を分割して年払いで支払う延納が認められています。

延納が認められるには下記の4つの要件に該当することが必要です。

①相続税額が10万円を超える
②納付期限内に金銭で納付することが困難な理由がある
③担保が提供できる（延納税額が50万円未満で、延納期間が3年以下は不要）
④申告期限までに延納申請書および担保関係書類を提出する

また、延納できる期間は原則的に5年ですが、相続財産の中で不動産が占める割合が大きい場合など、条件によっては最高20年までとされています。

物納は最後の 選択肢として考える

金銭で延納できない場合は、相続財産を現物で納付する物納を選ぶこともできます。ただし、物納は次の4つの条件がそろっていることが必要で、厳しく制限されています。

①延納によっても金銭納付が困難なこと
②物納できる財産があること
③税務署長が許可すること
④申告期限までに物納申請書および物納手続き関係書類を提出すること

物納に充てることができる財産とその順位は、

生前に確認しておきたい節税策 ● 第1章

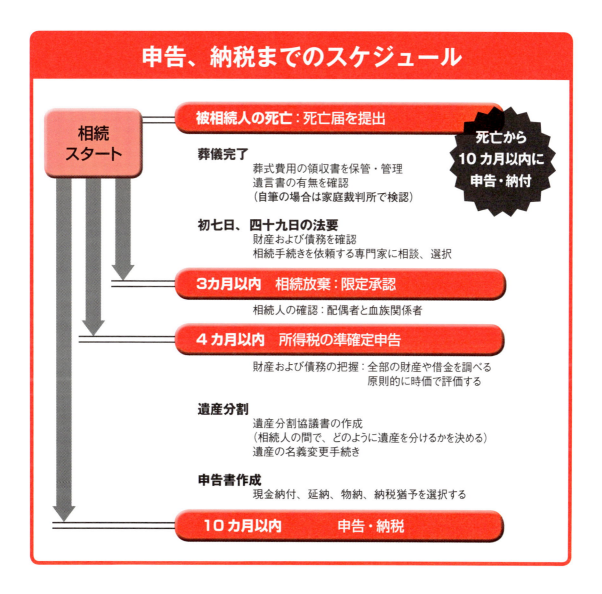

第1順位……国債および地方債、不動産および船舶
第2順位……社債・株式・投資信託
第3順位……動産
となっています。

農地等には納税猶予の特例がある

　農業を営んでいた被相続人から相続人が農地等を相続して農業を営む場合には、一定の要件のもとに、その取得した農地等の価額のうち、農業投資による価額を超える部分に対応する相続税額は、農業を継続する限り、その納税が猶予されます。この猶予される相続税額を「納税猶予税額」といいます。

　農地の納税猶予を受けるためには、相続税申告書の提出期限までにその農地を取得し、農業経営を開始するなどの要件を満たす必要があります。申告期限までに遺産分割を終え、農地の名義変更をすることも必要です。

　納税が猶予される期間は20年で、この間農業を継続していれば、納税免除になります。

基礎知識 小規模宅地等の特例

遺産分割のときにできる節税①
小規模宅地等の特例を適用

理解すること

- 居住用、事業用の土地と賃貸事業用の土地は、一定の割合で減額できる。
- 居住用、事業用の土地それぞれに適用可能。また合計730㎡まで80%の減額適用が可能。
- 独立型の二世帯住宅にも適用できる。
- 老人ホームに入っていても適用できる。

KEYWORD

小規模宅地

被相続人等に供されていた宅地等のうち、一定の面積までの部分を「小規模宅地」という。居住用は330㎡、事業用は400㎡、賃貸事業用は200㎡まで、一定の割合で減額することができる「小規模宅地等の特例」を使うと納税額を減らすことができる。

居住用、事業用地には減額の特例がある

亡くなった方が事業や居住のために使っていた土地は、生活基盤財産であり、処分できない性格の土地です。そこで相続した土地のうち、居住用は330㎡、事業用は400㎡までに対し、一定の割合で減額することができます。

① 80%の減額適用

特定事業（居住）用地に該当する場合。

親の事業を子が引き継いだり、居住用の土地は相続後も継続して相続人が居住用とすることなどが要件。

② 50%の減額適用

駐車場にしている土地やアパートを建てている土地など、貸付事業用地の場合。

上記の特例を受けるためには、相続税の申告期限までに相続人の間で遺産分割が確定していなければなりません。

小規模宅地等の特例を活用して節税する

遺言がない場合は、相続人全員で遺産分割協議をして、財産の分け方を決めることになります。

その場合、できる限り相続税の評価を減らせる方法を選ぶことで相続税が減り、納税の負担も減らせます。

遺産分割によって節税する方法の1つは、"小規模宅地等の特例"をうまく利用することです。住居や事業を継続する人が相続することで適用が可能になりますので、分割の目安とすることができます。

また、路線価の違いや居住用、事業用の違いにより評価減できる額が変わりますので、どの土地に小規模宅地等の特例を適用するかは、節税額を比較してから選択したほうがいいでしょう。

生前に確認しておきたい節税策 ● 第1章

小規模宅地等の特例の適用要件

生活の基盤となっている土地の評価には特例がある

要件1 建物の敷地である
建物や構築物などの敷地に充てられていた土地で、農地や牧草地以外。

要件2 居住用または事業用である
被相続人らの居住用または事業用に用いられていたもの。特定同族会社の事業に用いられていたもの。

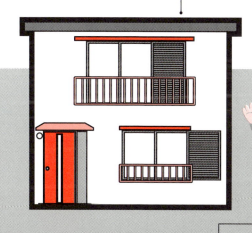

80%減額

土地 330 ㎡ まで

要件4 居住用は330㎡、事業用は400㎡まで
相続または受贈した土地のうち、居住用地であれば330㎡まで。事業用地であれば400㎡まで。両方であれば、居住用地330㎡＋事業用地400㎡の合計730㎡まで適用することができる。

要件3 申告期限までに遺産分割
相続税の申告期限までに相続人の間で遺産分割が確定していること。

居住用、事業用の両方であれば最大730㎡まで80%の減額となる

037

基礎知識 配偶者の税額軽減の特例

遺産分割のときにできる節税②
配偶者の税額軽減の特例を適用

理解すること

- 配偶者の税額軽減の特例を利用して、納税額を減らすことができる。
- 配偶者税額控除は、被相続人の配偶者の税負担を大幅に軽減するもの。
- 申告時までに分割ができない場合には、軽減の特例は受けられない。

KEYWORD

税額控除

税額控除には、配偶者控除、未成年者控除、贈与税額控除、障害者控除、相次相続控除、外国税額控除の6種類あり、適用すれば税額より控除される。この中でも、配偶者控除は最も節税効果が高い。

配偶者の税額軽減の特例を利用する

配偶者の税額軽減の特例を利用することで納税額を減らす節税です。配偶者には財産の半分、あるいは1億6000万円までは無税とする特例があり、配偶者の取得割合を増やすことで納税額を減らすことができます。しかし、配偶者が相続した財産は次の相続でまた課税対象となり、最初は納税額が少なくても次の納税額が多くなることもあります。よって一次、二次の分け方によるトータルの相続税額を計算し、納税額が少なくなる分け方を比較して選択するようにします。

6種類ある税額控除のうち、最も節税効果が大きいのは、配偶者税額控除です。これは、「配偶者の税額軽減」といわれていることからもわかるように、被相続人の配偶者の税負担を大幅に軽減するものです。

その内容は、

・被相続人の配偶者が取得した財産の課税価額が法定相続分以下なら、取得額がいくら多くても、相続税はかからない。

・配偶者の取得額が法定相続分を超えていても、その額が1億6000万円以下なら、相続税はかからない。

というものです。

この配偶者税額控除を受けるためには、次の2つの条件が必要です。

・婚姻届が出ている法律上の配偶者であること。

・相続税の申告期限までに、相続人・包括受遺者間で遺産分割が確定していること。

相続人同士で遺産相続争いがあり、申告時までに分割ができない場合には、税額軽減の特例は受けられません。

ただし、相続税の申告期限から3年以内に遺産分割が行われたときは、この税額軽減の特例が受けられるようになります。

生前に確認しておきたい節税策 ● 第1章

二次相続を考慮した納税額の分け方

1億6000万円の財産を妻と子の2人で分ける場合

配偶者税額控除

ケース1

一次 妻 → 納税額 **0円**
1億6000万円を相続

二次 子 → 納税額 **3260万円**
1億6000万円を相続

トータル 3260万円

ケース2

一次 妻 子 → 納税額 妻**0円** 子**1498万円**
4800万円(30%) 1億1200万円(70%)

二次 子 → 納税額 **130万円**
4800万円を相続

トータル 1628万円
1632万円も安くなる

一次相続で、子に相続したほうが得

■納税額シミュレーション（妻と子1人を想定）

	財産配分	税額	一次納税	二次納税	一次・二次合計	
妻	100%（1億6000万円）	2140万円	0円	ー	3260万円	**最も損**
子	0%（0円）	0円	0円	3260万円		
妻	90%（1億4400万円）	1926万円	0円	ー	2834万円	
子	10%（1600万円）	214万円	214万円	2620万円		
妻	80%（1億2800万円）	1712万円	0円	ー	2488万円	
子	20%（3200万円）	428万円	428万円	2060万円		
妻	70%（1億1200万円）	1498万円	0円	ー	2222万円	
子	30%（4800万円）	642万円	642万円	1580万円		
妻	60%（9600万円）	1284万円	0円	ー	1956万円	
子	40%（6400万円）	856万円	856万円	1100万円		
妻	50%（8000万円）	1070万円	0円	ー	1750万円	
子	50%（8000万円）	1070万円	1070万円	680万円		
妻	40%（6400万円）	856万円	0円	ー	1654万円	
子	60%（9600万円）	1284万円	1284万円	370万円		
妻	**30%（4800万円）**	**642万円**	**0円**	**ー**	**1628万円**	**最も得**
子	**70%（1億1200万円）**	**1498万円**	**1498万円**	**130万円**		
妻	20%（3200万円）	428万円	0円	ー	1712万円	
子	80%（1億2800万円）	1712万円	1712万円	0円		
妻	10%（1600万円）	214万円	0円	ー	1926万円	
子	90%（1億4400万円）	1926万円	1926万円	0円		
妻	0%（0円）	0円	0円	ー	2140万円	
子	100%（1億6000万円）	2140万円	2140万円	0円		

> ## 基礎知識 土地の分筆

遺産分割のときにできる節税③
土地を分けると評価が変わる

理解すること

- 土地の分筆のやり方次第で、相続税の節税につながる。
- 分筆後の所有者が別々になることが条件。
- 地形や接する道路や路線価が変わるため評価が下がる。

KEYWORD

土地の分筆

登記簿上の1つの土地を、登記簿上複数に分けること。土地を分けずに複数の所有者がいる場合は共有となる。

工夫次第で節税になる分筆もある

1つの土地を相続人で分けるために分筆する場合、地形や路線価が変わるために、土地の評価も変わり、結果的に相続税の節税につながります。

土地を分筆することが必ず節税になるわけではありませんが、次のような条件を満たすようであれば節税になります。

・分筆後の所有者が別々であること
・分筆により、地形や接する道路や路線価が変わること

たとえば、右ページの図のように、一方の道路に面する300㎡の土地の場合、①間口20 m × 奥行き15 mと、②間口15 m × 奥行き20 mでも、同じ路線価 × 面積で評価するため、評価額は同じになります。

ところが、遺産分割で所有者を分ける場合、

①は間口10 mずつの等分で分筆することができるので、それぞれの評価は変わりません。しかし、②の場合、間口の半分7.5 mで分筆することも物理的には可能ですが、建築を想定すると無理が生じるため、手前の区画と進入路を取った奥の区画（旗竿地）に分けるのが一般的です。そうすると奥の区画は変形地となり、評価の総額が下がり、相続税が下がることになります。

また③のように、二方の道路に面した角地や三方の道路に面した三方路地などを分筆することにより、角地の面積が減り、一方路に面する土地ができると、そこで路線価の違いが生じるため、結果的には相続税が下がることになります。

いずれにしても、土地の分筆による節税は、相続後に所有者が変わることが前提であり、分筆しても1人の相続人が所有するならば、減額にはなりません。

分筆による評価の違い

①普通の分筆

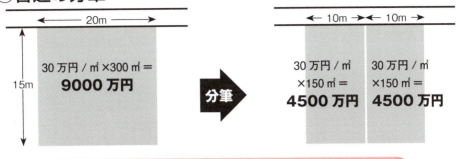

評価が下がらない

②旗竿地にして分筆

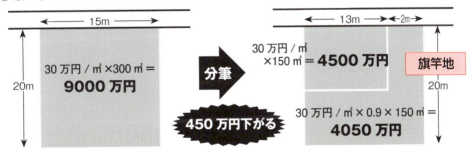

間口が狭まり評価が下がる

③角地を分筆

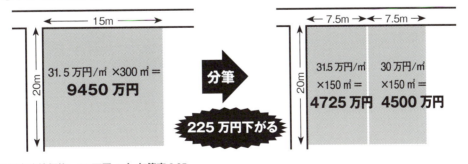

※ 側方路線価格＝30万円/㎡、加算率0.05

角地の面積が減り評価が下がる

基礎知識 土地の評価

土地の面積、形状、道路状況で評価を軽減する

理解すること

- 不整形地やがけ地は、整形で平たんな土地より評価は下がる。
- 一体の土地を異なる目的で利用していれば、減額の要素となる。
- 面積が大きな土地は、一定の条件に該当すれば、地積規模の大きな宅地の評価を適用できる。

KEYWORD

地積規模の大きな宅地の評価

「規模格差補正率」による評価方法で、土地の形状と地積の大きさを考慮した評価になる。地積、地区区分、用途地域、容積率などの判断基準によって、補正率を算出する。今までの広大地評価よりは減額率は小さくなる。

土地の不整形、道路状況などで減額する

市街化区域の土地の評価は「路線価 × 面積」で計算されます。多くの土地は整形地といい、長方形、正方形の形状の敷地ですので、「路線価 × 面積」の計算式で算出できます。

しかし、なかには整形地でない土地もあり、現況を確認することにより、現実的な評価をすることで減額の要素が見つけられます。たとえば、旗竿地やL字型・三角型の土地、がけ地や傾斜地・高低差のある土地などもあり、これを不整形地といい、利用しにくい部分を補正率を適用することで評価します。補正率は1%以下となっており、整形地と比べて評価が低くなるのです。また、道路に接していない無道路地だったり、セットバックが必要な土地も評価が下がります。

地積規模の大きな宅地の評価が新設された

地積規模の大きな宅地の評価は、「規模格差補正率」を算出して計算する評価方法で、土地の形状と地積の大きさを考慮した評価になります。地積、地区区分、用途地域、容積率などにより補正率を算出しますが、今までの広大地評価よりは減額率は小さくなります。

また、路線価評価が市場価値と大きくかけ離れていることも多く、取引事例を基にした「不動産鑑定評価」を相続評価として申告することも可能です。

一体の土地を自宅や賃貸住宅や貸家など違う目的に利用していれば、利用区分ごとに土地を測量することで一つひとつは不整形地になることが多く、減額の要素となります。さらには、区画整理、都市計画道路、高圧線下などの特殊事情により土地の利用を制限されていることがあれば、マイナス要因として評価減することができます。

生前に確認しておきたい節税策 ● 第1章

地積規模の大きな宅地の評価

◇適用条件

地積	○ 三大都市圏:500㎡以上あること ○ その他:1,000㎡以上あること
路線価で定める地区区分	○ 普通住宅地区に存すること ○ 普通商業・併用住宅地区に存すること
都市計画法で定める用途地域等	○ 市街化調整区域以外に存すること(但し宅地分譲開発可能な土地は可) ○ 工業専用地域以外に存すること
容積率	○ 400%(東京特別区は300%)以上の地域でないこと(なお、前面道路幅員等は考慮されない)

◇規模格差補正率で計算する

　地積規模の大きな宅地の評価額は、＝路線価 × 各種補正率 × 規模格差補正率 × 地積で計算します。

　「規模格差補正率」は土地の**形状**と地積の**大きさ**を考慮した評価になりました。評価する宅地がある地域と面積から次のように計算します。

$$規模格差補正率 = \frac{Ⓐ × Ⓑ + Ⓒ}{地積の規模の大きな宅地の地積（Ⓐ）} × 0.8$$

◇土地の評価の減額項目
・不整形地、無道路地、がけ地など土地の形状を評価する
・土地を測量して利用区分ごとに評価をする（不整形を作り出す）
・特殊事情を考慮する（セットバック、区画整理、都市計画、高圧線など）
・地積規模の大きな宅地の評価を適用する
・鑑定評価で現実的な評価をする

上記算式中の「Ⓑ」及び「Ⓒ」は、地積規模の大きな宅地が所在する地域に応じ、それぞれ次に掲げる表のとおりとする。

イ　三大都市圏に所在する宅地

地積㎡ ＼ 地区区分　記号	普通商業・併用住宅地区、普通住宅地区	
	Ⓑ	Ⓒ
500 以上 1,000 未満	0.95	25
1,000 〃 3,000 〃	0.90	75
3,000 〃 5,000 〃	0.85	225
5,000 〃	0.80	475

ロ　三大都市圏以外の地域に所在する宅地

地積㎡ ＼ 地区区分　記号	普通商業・併用住宅地区、普通住宅地区	
	Ⓑ	Ⓒ
1,000 以上 3,000 未満	0.90	100
3,000 〃 5,000 〃	0.85	250
5,000 〃	0.80	500

◇【例】三大都市圏にある600㎡の宅地の規模格差補正率

$$規模格差補正率 = \frac{600㎡ × 0.95 + 25}{600㎡} × 0.8 = 0.793 ⇒ 0.79$$

◇評価　路線価 100000円／㎡の場合
　地積規模の大きな宅地の評価額
　＝路線価 × 各種補正率 × 規模格差補正率 × 地積で計算
　100000円 × 0.79 × 600㎡ ＝ 4740万円

043

| 基礎知識 | 不動産の売却 |

申告までに相続税評価額以下で不動産を売却して節税

理解すること

- 売却価格を時価として申告できる。
- 不動産の物納は要件が非常に厳しくなったので、売却が増えている。
- 相続した不動産を売るなら3年以内が有利。

KEYWORD

時価

相続財産の価額は、時価によるものとされている。時価とは相続発生時においてそれぞれの財産の現況に応じ、不特定多数の当事者間で自由な取引が行われる場合に成立すると認められる価額をいう。

期限までの納税に向けた準備が大切

相続税は申告期限までに現金納付が原則です。納付が一日でも遅れたら延滞税がかかります。期限を厳守して納付し、余分な税金がかからないようにすることも節税です。

しかし、相続税がかかるだけの財産を相続することは間違いないとしても、相続するのがすぐに納付できる流動資産ばかりとは限りません。

住んでいる自宅や、お店や会社が使用する事業用地のように、手放してしまうことができない不動産の場合はすぐに売ることができないため、納税資金の捻出の仕方が課題となります。

不動産の物納は、以前と比べて要件が非常に厳しくなりましたので、売却をして相続税を払う方が増えてきています。

不動産を売る場合もひと工夫で節税できる

相続で取得した不動産は長期所有の財産と見なされます。取得原価は被相続人が取得した価額を引き継ぎますが、不明な場合は売却価格の5%となりますので、たいてい譲渡税の課税対象になります。

相続税を払うために売るのに譲渡税もかかるのでは負担が大きいため、相続税を払う分までは譲渡税がかからないよう優遇措置が認められます。この特例により譲渡税の負担が軽減されますが、申告期限から3年以内とする制約がありますので、相続した不動産を売るなら3年以内が有利です。

相続税評価以下の売却価格となった場合、申告期限までに売却することで、時価＝売却価格で申告できる可能性がありますので、相続税が安くなります。

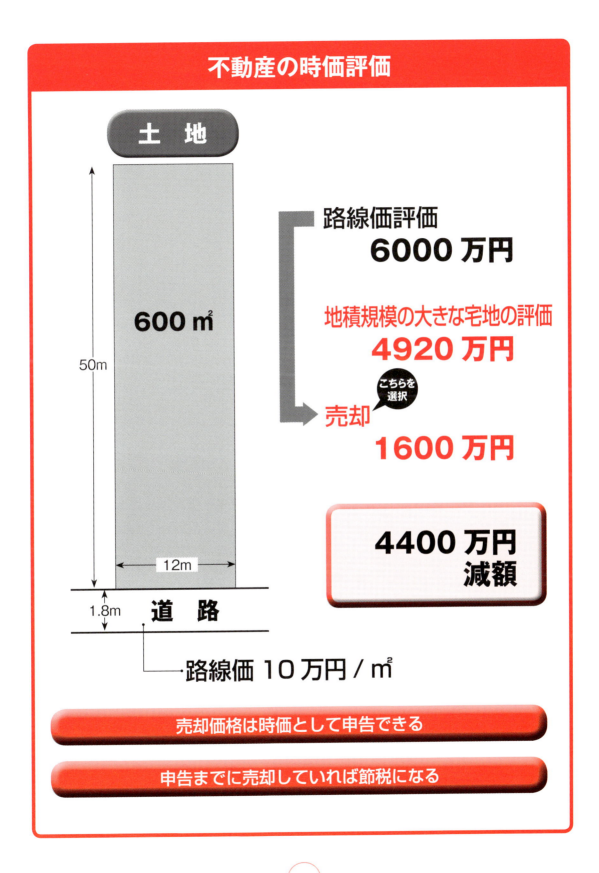

COLUMN 2

「相続対策」は「不動産」と「現金」で行う「不動産の実務」が主となる

相続は生前の不動産対策で考えよう

不動産も、預金も、いままでのようには増えない厳しい時代になりましたが、相続税は増税に舵が切られました。苦労をして守り、築いてこられた大切な資産は、これからはそのまま持ち続けるのではなく、上手にバランスを取らないと残せない時代になります。

相続財産の半分以上が不動産だということは、直近の国税庁の資料からもわかります。相続対策をしておきたいと考える人のほとんどが不動産を所有されていると考えていいでしょう。

それだけに、相続対策は不動産の売却、購入組替、活用、贈与などで行うことになります。空き地、空き家など活用していない不動産をかかえていることもリスクとなる時代ですので、相続対策だけでなく、資産運用としてのアドバイス、提案が求められます。

さらに、現金などの金融資産が残ったとしても、そのままでは「節税」にはなりません。現金を不動産や生命保険などに替える「相続対策」も必要といえます。

生前対策は「不動産」と「現金」で行う「不動産の実務」が主となる

「相続対策」として効果的な「不動産対策」といえば、現金で不動産を購入したり、土地を売却して別の不動産を購入する「資産組替」、所有地にアパート、マンションを建てて賃貸事業を行う「土地活用」などいくつかありますが、いずれも法律や税務や金融の知識ではなく、「不動産の知識」や「不動産の実務」が必要となります。

ところが、相続対策を考える場合、多くの方は法律の専門家である弁護士、税務の専門家である税理士、金融の窓口である信託銀行に相談します。いずれも不動産の専門家ではありません。つまり生前の相続対策の実務を頼むには適任でないのです。

生前の相続対策をする場合は、不動産の実務経験があり、実務のサポートができる相手に依頼しましょう。

ADVICE

- 生前の不動産対策は、不動産の実務ができる専門家に依頼する
- 相続対策は不動産の知識や実務経験がないと進められない
- 法律や税務、金融の専門家は生前の相続対策の専門家ではない

第2章

生前に取り組んでおきたい不動産の節税策

生前対策

【総論】

生前対策は不動産で考える

生前に不動産対策をすれば確実な節税を実現できる

相続税を節税したいとき、まずは「現金贈与」が頭に浮かびます。一番手っ取り早くて、すぐにでもできることですから、毎年、贈与税のかからない基礎控除額の範囲で110万円ずつ贈与していけば、10年後には1100万円が贈与できます。

つまり、贈与税も相続税も払うことなく財産を配偶者や子供に渡せるのです。

しかし、相続税がかかる方のほとんどは、現金よりも不動産を多く所有しているのが現状です。しかも、千万単位、億単位で相続税が課されるため、大きく節税できる方法を考えなくてはなりません。

ということは、「不動産」が課題になるということです。不動産があるから相続税がかかり、納税が難しい。不動産は個々に違い、評価が難しい。不動産があると分けにくく、もめてしまう、などなど。要は、相続では不動産の知識がないと、節税もできずにトラブルのもとをつくることになってしまうのです。

ただ、裏を返せば、「不動産」を活かすことで、節税ができ、相続を乗り切ることができ、財産を継承させる際に価値を生むことができるのです。

相続になってからの節税も不可能ではありません。不動産の評価の仕方などによっては相続税を減らすことができますが、やはり、生前に計画的な相続対策をすることにより、確実に、大きな節税を実現することが可能になることは間違いありません。

相続対策は3つのステップで考える

具体的な対策に取り組むときのために、当社では、財産評価をし、課題を確認したうえで、財産やご家族の状況に応じたオーダーメードのご提案をしています。

内容は個々に違いますが、基本的な提案をご紹介しましょう。

節税については、次の3つのステップに分けて提案します。

> 1. 相続発生時に可能な節税
> 2. 生前贈与などの特例を利用してできる節税
> 3. 現金・不動産を利用してできる節税

1は対策が何もできない場合でも、相続税の申告のときにできる小規模宅地等の特例などを利用する節税を提案します。土地の評価についても、広大地評価などの節税の可能性を確認します。

2は大きな対策はできないとしても、生前にできる配偶者の贈与特例などを利用してできる節税を提案します。

3は現金や不動産を使ってできる前向きな節税対策について提案します。生前だからできる対策で、形を変えたり、活用したりすることで大きく節税することができます。

048

生前に取り組んでおきたい不動産の節税策 ● 第2章

相続発生時にできる節税対策の一例

■財産構成グラフ
- 有価証券 5.70%
- 現金・預貯金 4.43%
- 建物 0.73%
- 土地（宅地、農地、生産緑地）89.14%

相続税予想額 2億5000万円

① 広大地の評価適用 2000万円減
② 小規模宅地等の特例適用 1000万円減
③ 配偶者の税額軽減適用 1億円減
④ 農地の納税猶予を適用 2000万円減

相続財産 8億円

対策後の節税予想額 1億円

生前に不動産対策をすると 納税額 0円も可能

残る課題
遊休地を含めて、9割近くの財産が土地
▼
土地に収益物件を建設して有効活用することが可能

贈与税の速算表

基礎控除後の贈与額	改正後の税額 20歳以上の者が直系尊属※から贈与 税率	控除額	左記以外の贈与 税率	控除額
200万円以下	10%	0円	10%	0円
300万円以下	15%	10万円	15%	10万円
400万円以下	15%	10万円	20%	25万円
600万円以下	20%	30万円	30%	65万円
1000万円以下	30%	90万円	40%	125万円
1500万円以下	40%	190万円	45%	175万円
3000万円以下	45%	265万円	50%	250万円
4500万円以下	50%	415万円	55%	400万円
4500万円超	55%	640万円	55%	400万円

※ 直系尊属とは、養父母を含む父母・祖父母のこと
● 基礎控除後の贈与額に対応する税率をかけ、控除額を差し引いて計算

贈与税の計算例

父から500万円、祖父から100万円の贈与があった場合

STEP1 課税価額を計算する
500万円 + 100万円 = 600万円

STEP2 基礎控除額を引く
600万円 − 110万円 = 490万円

STEP3 税率をかけ、控除額を引く
490万円 × 20% − 30万円 = 68万円

納税額 68万円

049

生前対策

【贈与①】

自宅を配偶者に贈与して節税する

理解すること

- 配偶者には、財産の半分を受け取る権利が認められている。
- 生前の贈与にも、特例が認められる。
- 配偶者控除を受けた場合、みなし財産から除外される財産もある。

KEYWORD

譲渡税

個人が自分の所有している資産を売却することによって得た所得のことを譲渡所得といい、資産の種類や所有期間等によって様々な課税が行われる。

配偶者の贈与の特例を利用して無理なく節税する

財産を所有するのは夫だけ。妻はいわゆる「専業主婦」の立場で、家庭で夫や子供を支えてきたというご家庭は多いといえます。

そうした妻の貢献があればこそ、夫は仕事に専念でき、財産を形成できたということです。そのため、相続になれば、配偶者の権利は保護されており、財産の半分の権利が認められています。

生前にも贈与の特例があり、婚姻期間が20年以上の妻に居住用の不動産を贈与しても、2000万円までは贈与税がかかりません。通常の贈与を組み合わせると2110万円までは贈与税がかからずに財産を受け取ることができます。

婚姻期間が20年以上の夫婦の間で、居住用不動産、または居住用不動産を取得するための金銭の贈与が行われた場合、基礎控除額110万円のほかに最高2000万円まで控除（配偶者控除）できるという特例です。

特例を受けるための適用要件は、次の3つになります。

①夫婦の婚姻期間が20年を過ぎた後に贈与が行われたこと。

②配偶者から贈与された財産が、自分が住むための居住用不動産であること、または居住用不動産を取得するための金銭であること。

③贈与を受けた年の翌年3月15日までに、贈与により取得した国内の居住用不動産、または贈与を受けた金銭で取得した国内の居住用不動産に、贈与を受けた者が現実に住んでおり、その後も引き続き住む見込みであること。

配偶者控除は同じ配偶者からの贈与については一生に1度しか適用を受けることができません。

生前に取り組んでおきたい不動産の節税策 ● 第2章

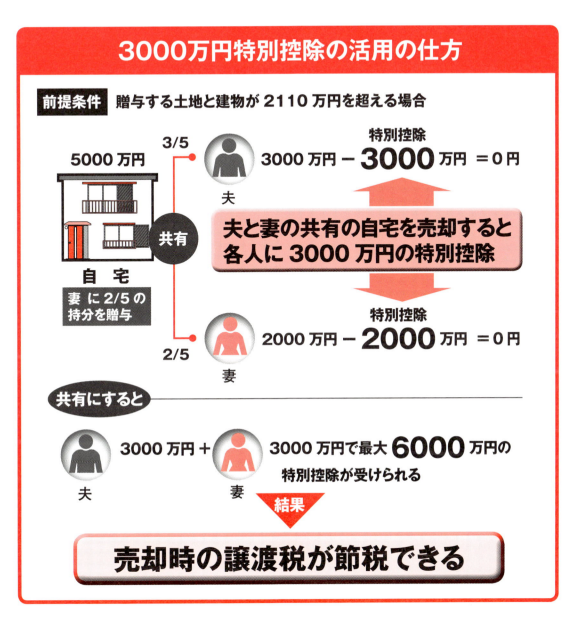

一番手軽に節税でき相続税の対象からも除外

　相続開始前3年以内に贈与された財産は、みなし財産として相続税を課税されますが、この配偶者控除を受けた場合だと、みなし財産とはならず、除外されます。

　登記費用や取得税がかかりますが、手続きをすれば確実に節税できる方法といえます。

　贈与する土地と建物が2110万円を超える場合は、評価に応じて持分を贈与するようにします。たとえば5000万円の自宅であれば5分の2が妻、5分の3が夫になります。

　このようにして夫と妻の共有にすると自宅を売却する場合、各人に3000万円の特別控除が受けられますので、2人分を合わせて6000万円の特別控除が認められることになり、売却した際、譲渡税も節税できます。

実例[贈与①] CASE STUDY 岩田さんの場合

配偶者への贈与の特例を利用して無理なく節税する

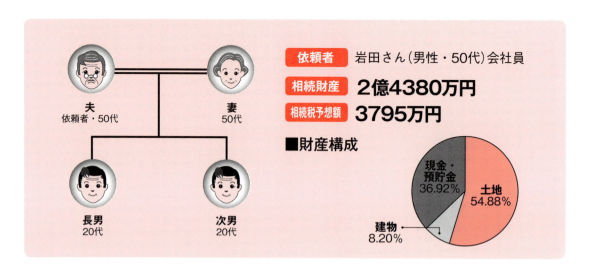

課題　長男の嫁として献身的に務めた妻に負担をかけたくない

　岩田さんの父親は農家の分家で、自宅のほかに隣接する農地を相続してきました。以前は畑として耕作してきましたが、宅地化が進み、農地を継続することが難しくなったため、父親の代で畑をやめて駐車場に切り替えました。一部の土地は道路拡幅などで買収されたため、父親は多額の現金を残していました。

　数年前、父親が亡くなり、その後、母親も亡くなりましたので、長男の岩田さんと弟で財産を分けて相続しました。弟は、自宅を建てている土地と現金を相続し、両親と同居してきた岩田さんが実家と駐車場と現金を相続しています。

　両親から相続した家は、築50年は過ぎていたため、岩田さんはいよいよ自分の代になったことから、妻の意見を取り入れた家に建て直しました。妻は長男の嫁として両親と同居し献身的に介護をしてくれ、岩田さんとしてはありがたいと心より感謝しています。

　家が完成して落ち着いたこともあり、自分の相続のことも考えておきたいと、当社に相談に来られました。

ポイント1　まずは特例の適用や評価方法を考える

　岩田さんの財産を確認してみると、駐車場の面積が広く、周辺は住宅地であることから、広大地評価ができると判断しました。広大地の補正率は54％です。

　また同居する妻が自宅を相続することで、小規模宅地等の特例も適用できます。

生前に取り組んでおきたい不動産の節税策 ● 第2章

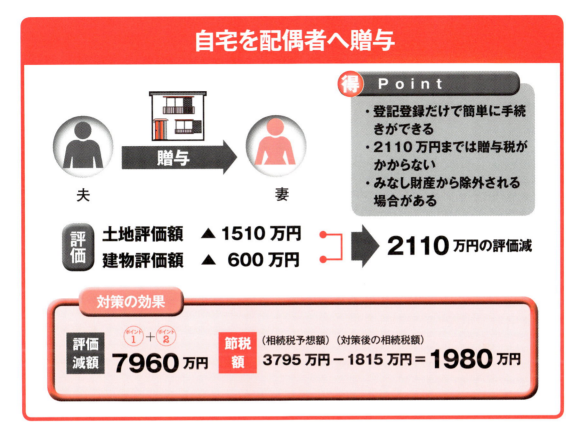

ポイント2 配偶者への居住用不動産の贈与の特例を利用する

　岩田さんの父親は、節税対策にはまったく理解を示してくれずに、借り入れをしてアパートを建てることなどはしてきませんでしたので、岩田さんも経験のない賃貸事業に取り組む決断はまだできないようです。しかし、節税対策はしておきたい財産額なのです。

　そこで、無理なくできる方法として、配偶者への居住用不動産の贈与の特例を利用して節税することを提案しました。

　岩田さん夫婦は結婚してすでに25年が経っていますので、土地と建物の両方の一部を合わせて2110万円分の評価割合で贈与し、岩田さんと妻の共有名義にしました。

　この方法であれば、登記費用や取得税はかかりますが、手続きだけですぐに確実な節税になるため、無理なく決断することができます。

　岩田さんもすぐに手続きをされ、妻にも喜んでもらえたとのことで、少し対策が進みました。今後は、現金の対策に取り組んでいただき、さらに節税できるように提案していきます。
配偶者控除のポイントは、

①形を変えることもなく、リスクもなく、登記手続きだけで節税できる。

②不動産は自分が住むための居住用不動産であること。

③贈与する2110万円の評価は、正確にしておくこと（土地は路線価、建物は固定資産税評価額）。

④贈与税がかからなくても、登録免許税・不動産取得税がかかる。

です。

生前対策

【贈与②】

現金よりも土地を贈与して有利に節税する

理解すること

- 不動産の評価は、路線価や固定資産税評価で評価される。
- 路線価や固定資産税評価は、時価よりも低い評価になる。
- 住宅資金を贈与されるより、住宅自体をもらったほうが節税になる。

KEYWORD

不動産

移動が困難な財産のことで、建物と、それに付随する土地と考えて差し支えない。市町村の税務課（東京都23区では都税事務所）にある固定資産課税台帳に登録してある固定資産税評価額や、路線価（20ページ参照）で評価される。

現金よりも土地のほうが贈与のメリットは大きい

現金の贈与は一般的に節税対策として多くの方が実行されていることでしょう。現金などの金融資産は、額面どおりの時価で評価されます。100万円の現金は、現在も将来も100万円の価値だということです。

しかし、不動産の場合は、少し事情が違います。なぜなら不動産は時価よりも低い路線価や固定資産税評価額で評価されますので、より多くの価値分を贈与できるということです。

たとえば、都市部の場合、現在の地価は下落していますが、将来は上昇に転じることもあります。つまり、評価の低いときに贈与してもらうほうがいいといえます。

また、賃貸物件なら、贈与後の家賃収入も自分のものになり、節税効果だけでなく、現金収入があることは魅力です。

住宅資金の贈与よりも住宅をもらったほうが得

相続税法上の建物の時価は固定資産税評価額、土地は路線価で決まるので、たとえば、市場での時価が1億円の都心の土地と建物が、評価額は半分以下など珍しくありません。

そのため、住宅購入資金として現金を生前贈与してもらうより、親が住宅を購入し、それを贈与してもらったほうが節税になります。

相続時精算課税制度を節税対策とするには

相続時精算課税制度では、相続財産と合算する贈与財産（相続時精算課税適用財産）の価額は、贈与時の価額で計算されるため、相続時に実際にその財産の価額が上がっていれば、結果的に節税となります。贈与財産の

生前に取り組んでおきたい不動産の節税策 ● 第2章

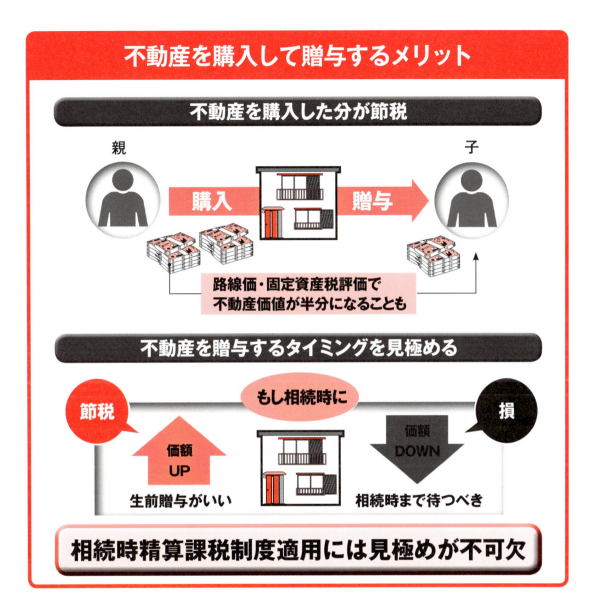

「贈与時の価額」と「相続時の価額」が同じであるならば、基本的には相続税の節税にならないということになります。

しかし、贈与財産の「贈与時の価額」と「相続時の価額」が同じである場合でも、収益物件を贈与するならば、相続税の節税となります。

たとえば、親が賃貸アパートを持っているとすると、そこから入る家賃収入は親のものです。必要経費や所得税などを差し引いた残りは、当然親の財産となり、結果的に相続財産となってしまいます。けれども、賃貸アパートを親から子供へ贈与すれば、その後の家賃収入は子供のものとなるため、相続財産の増加を防ぐことになります。子供は家賃収入を納税資金として蓄えることができます。

また、所得の分散効果があるため、子供より親のほうがはるかに所得があるならば、贈与することで、全体の所得税が減ることになります。

055

実例 [贈与②] CASE STUDY 服部さんの場合

アパートの建物を**孫に贈与**して**固定資産税評価**に切り替える

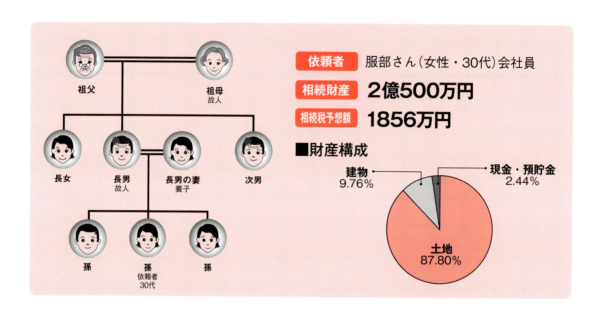

課題 区画整理事業地内の土地は節税対策が難しい

　服部さんは、祖父母と両親と3世代で同居してきました。父親が長男であり、跡継ぎの立場ながら、祖父母よりも先に他界してしまい、母親が祖父母と養子縁組をし、2人の面倒を見てきました。また祖母も先に亡くなってしまったため、相続税が気になり、相談に来られました。

　祖父の財産の大部分は自宅周辺の土地で、その全部が土地区画整理事業地に指定されています。その区画整理事業は、市の認可は下りているものの、造成工事はまだこれからです。しかし、区画整理地内というのは、造成工事が始まれば、建物の移転や土地の位置変更、面積の減歩に協力せざるを得ません。

　そういう状況ですので、これから建てるのは、鉄筋コンクリート造のような堅固な建物は許可されず、木造程度とされ、しかも、移転や解体を余儀なくされることもあります。そのため、土地を活用した相続税対策がしにくいのです。

　しかし、所有地が広く相続税がかかるため、少しでも節税になることはないかと思い、対策を立てました。

ポイント1 小規模宅地等の特例が受けられるかを検証

　祖父は、公正証書遺言を作成しており、そ

生前に取り組んでおきたい不動産の節税策 ● 第2章

収益不動産を生前贈与

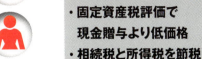

600万円　600万円

建物のみを贈与

祖父　　　　　　　　　　孫

得 Point
・固定資産税評価で現金贈与より低価格
・相続税と所得税を節税

収益のある建物を贈与し
600万円×2人＝**1200万円分の財産を減らす**

贈与税が1人につき82万円かかるが、
相続税・所得税の節税効果のほうが大きい

対策の効果

評価減額 ポイント①＋ポイント② **3700万円**

節税額 （相続税予想額）（対策後の相続税額）
1856万円 − 1253万円 ＝ **603万円**

れぞれの不動産を誰に相続させるかは決めていました。遺言の内容では、自宅は、養子である母親が相続することとしてあります。母親は祖父と同居しているので居住用宅地と見なされ、小規模宅地等の特例が適用されると判断しました。

ポイント2 収益がある建物を孫に贈与する

さらに遺言書には、アパート2棟を妹と服部さんに相続させると記載されていました。祖父の財産の大部分は土地で、預貯金は多くありません。

また、今から生命保険などに入れる年齢ではありません。そこで、アパートの建物だけ、生前に祖父より贈与してもらうことを提案しました。建物は、固定資産税評価が基準となり、現金で贈与するよりも低い評価で贈与できるのです。節税につながるならということで、祖父は快諾してくれました。

また、遺言の存在は、服部さん家族だけでなく、おば、おじも知っており、内容や贈与についても異論はないといってくれましたので、手続きをするようにしました。

この対策を行うと、祖父の相続税と所得税の節税ができます。贈与を受けた服部さんたちはアパートの家賃を受け取ることができるので、生活費の補填になり、納税資金を貯めることができます。

生前対策

【購入①】

現金を建物に換えて評価額を下げて節税する

理解すること

- 建物は、建築費用ではなく、固定資産税評価額で評価される。
- 建物の評価額は、建築費の半分以下になることもある。
- 「親の現金」で、「親名義で建てる」と、節税につながる。

KEYWORD

借家権割合

所有家屋を貸し付けている場合、借家人が存在する場合の家屋の評価額は、賃借人に一定の権利があるため、貸家の評価額は、自用家屋の評価額から借家権割合30%を差し引きます。借家権割合は一律30%です。

建物は固定資産税評価額の半分以下の評価になる

　建物は、相続時には実際にかかった建築費用ではなく、固定資産税評価額で評価されます。固定資産税評価額とは、市町村の税務課（東京都23区の場合は都税事務所）にある固定資産課税台帳に登録してある土地や建物の評価額のことです。固定資産税評価額は、次のような税金を計算するときに使います。

（a）固定資産税や都市計画税の税額

（b）不動産取得税や登録免許税の税額

（c）相続税や贈与税を計算するときの土地や建物の評価額

　固定資産税評価額は国が定めた「固定資産評価基準」に基づいて市町村が決定します。

　一般的には、評価額は土地については時価の60〜70％（公示価格の70％）、建物については建築費の40〜50％ぐらいだとされて

いますが、現実の評価はこの割合以下のことが多いので、建物の建築費の半分以下になることもあります。

建物は「親の現金」で、かつ「親名義で建てる」と節税になる

　自宅を建てる場合に、誰の名義にすればいいかというご相談を、多くの方からいただきます。

　住む方の状況にもよりますが、相続税の節税という点から考えると、「親の現金」で「親名義で建てる」と、節税につながります。

　二世帯住宅を建てる際など、ローンは子供のほうが借りやすいからという理由で、親の土地に子供名義で住宅を建てることがあります。これでは、親の現金は減りませんので親の節税にはならず、結果的に相続税を払うことになります。

　親の現金を使うことに抵抗があるかもしれ

現金で建物を建てるときの節税効果

●現金のまま相続

 → 相続 →

現金6000万円　　現金6000万円

現金のままでは相続税は節税できない

●現金を不動産にして相続

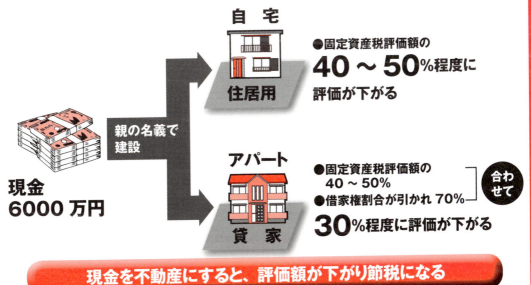

現金を不動産にすると、評価額が下がり節税になる

ませんが、現金に余裕がある場合は、建物代金に使うことで節税になります。

賃貸住宅に使うとさらに評価は70％になる

建物を賃貸していれば、貸家となり、借家人が存在する場合の家屋の評価額は、借家人に一定の権利があるものと考えられ、借家権割合30％を引くようにします。これが借家権割合の減額です。よって貸家は固定資産税評価額の70％として評価されることになります。

土地にも貸家建付地評価ができるので、賃貸住宅の建築代金や土地代を支払う際、子供名義ではなく親名義にしておき、親の現金を利用できると、大きな節税につながります。

実例 [購入①]

CASE STUDY 辻さんの場合

自宅を賃貸併用住宅に建て替え 貸家建付地の評価を利用する

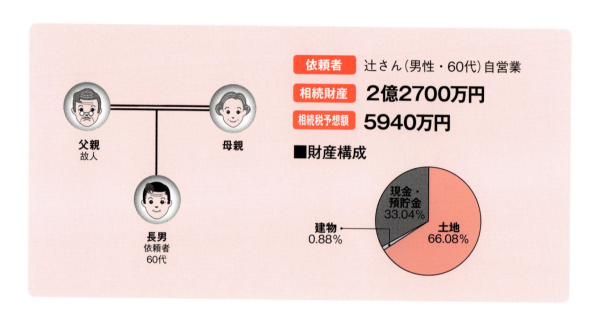

依頼者　辻さん（男性・60代）自営業
相続財産　2億2700万円
相続税予想額　5940万円
■財産構成
現金・預貯金 33.04％
建物 0.88％
土地 66.08％

課題　父親の財産を母親が相続 その次が心配

　昨年、辻さんの父親が亡くなり、母親と辻さんの２人で財産を相続することになりました。できるだけ節税をしたかったので、配偶者控除の特例を活かして母親に全財産を相続してもらうことで、納税は不要となり、ほっとしたところです。

　けれども、そのままでは次の相続時にはいよいよ相続税を払わなくてはなりません。父親の相続の手続きに合わせて、どうしたらいいか、提案してほしいという依頼でした。

　母親は父親から相続した財産のほかに、自分名義の預金もあり、まとまった金額になる

ことがわかりました。また、自宅は築40年以上経っていますので、建て替えが必要な時期になっていました。ただし、母親も辻さんも大きな借り入れをしてまで節税対策をする決断はつかないということでしたので、無理のない提案をすることにしました。

ポイント1　現金を建物に換える節税 貸家建付地で評価減

　自宅は老朽化が進み、耐震性にも不安があるため、この機会に建て替えの提案をしました。それも母親の預金を使って建てるようにします。

　将来は辻さんが一人暮らしとなるため、広い部屋はいらないということでしたので、賃

生前に取り組んでおきたい不動産の節税策 ● 第2章

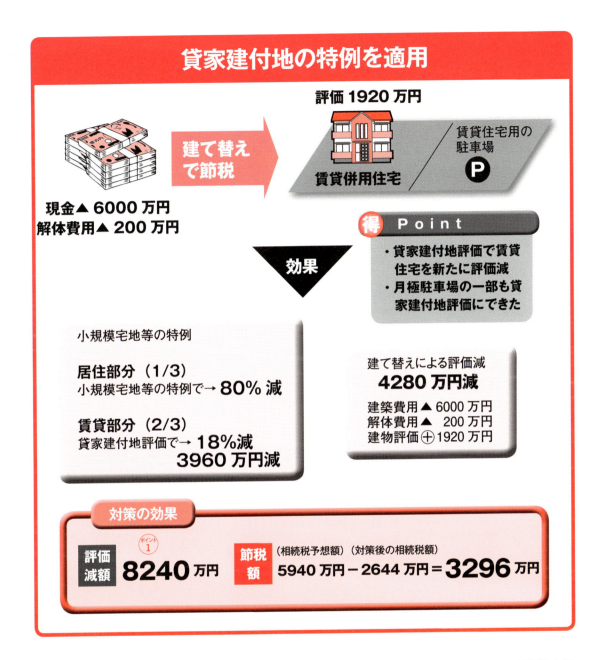

貸住宅を併用することにしました。家賃が入ることで資金的な余裕も生まれます。

また、賃貸住宅を建てたことにより、土地の2／3は貸家建付地として評価できるようにもなります。さらに今まで月極駐車場だった土地についても、一部は賃貸住宅用の駐車場とし、貸家建付地評価をすることができ、節税につながりました。

母親と同居している辻さんは、小規模宅地等の特例の適用を受けられます。この特例については、その土地の利用状況によって適用できる評価減の割合が変わってきます。

今回は、居住用の宅地に適用できる80％の評価減と賃貸住宅用の宅地に適用できる50％の評価減を、組み合わせて計算するようにしました。

生前対策

【購入②】

資産を多額の現金から 収益不動産に組み替える

理解すること

- 収益不動産を購入すると、節税効果が大きい。
- 建物と土地の評価額の関係を、把握しておくことが重要。
- 賃貸用の建物の相続税評価額は、建築価額の30～40%程度になる。

KEYWORD

貸家建付地

所有する土地に建築した家屋を他に貸し付けている場合の、その土地のこと。この土地の評価額が貸家建付地評価で、一定の割合で控除を受けることができる。また、建っている家屋の評価を「貸家評価」という。

財産は現金より不動産で 持つほうが節税には有利

多くの方は、「現金で相続税が払えるから心配はない」と、現金を使わずにコツコツと貯めておられます。確かに、相続税がかかっても現金があれば払えることは間違いないのですが、長年苦労して残してきた現金にも相続税が課税されますので、納税すればなくなってしまうのです。「現金があるから心配ない」と安心してばかりはいられません。

現金を定期預金にしていても、現在ではほとんど利息がつかないばかりか、相続になればまともに課税されてなくなるのです。これでは、残念としかいいようがありません。

では、現金についてはどうすれば節税になり、財産を残すことができるのでしょうか?

その答えの1つとして挙げることができる方法は、「収益不動産を購入すること」です。

なぜ、節税になるかというと、現金を不動産に換えることによって評価が下がるからです。

路線価は時価の80%程度 とされている

相続税の評価に関して、現金や預貯金はほぼ貨幣価値そのままの評価額になりますが、不動産やゴルフ会員権などは時価より20～30%程度評価が下がりますので、相続税の評価という観点で見れば有利です。

さらに、賃貸用の建物の場合は、相続税評価額は建築価額の30～40%程度になりますので、実際の価値は同じでも相続税評価上は大変有利になります。

一般的に土地の評価額は、大都市ほど以下のように調整されます。

・公示価格　100%（時価相当額、売買されている指標数字）

生前に取り組んでおきたい不動産の節税策 ● 第2章

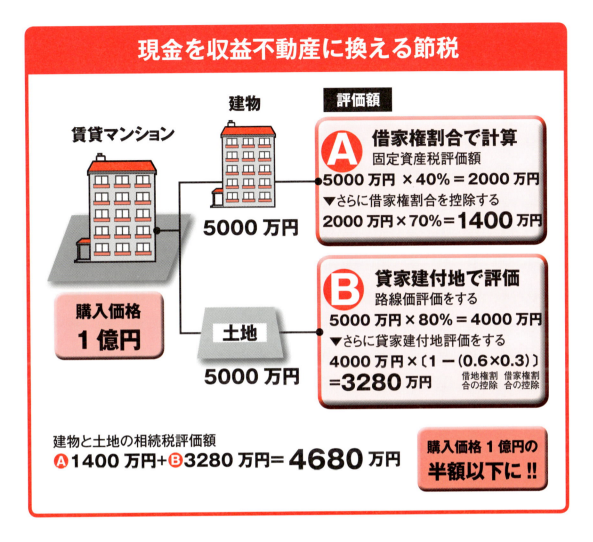

・路線価 80％（相続税評価額、相続贈与の財産評価の価額）
・固定資産税評価額 70％（市区町村が固定資産税課税するために評価する価額）

現金1億円で収益不動産を購入すると……

建物5000万円、土地5000万円、計1億円でマンションを購入し、賃貸した場合の相続税評価額は以下のようになります。
①建物の評価額　購入価額の40％の固定資産税評価額になる。
　5000万円 ×40％＝2000万円

賃貸にすると「貸家」となり借家権割合が控除できるので2000万円 ×70％＝1400万円
②土地の評価額　購入価格の80％。
　5000万円 ×80％＝4000万円

さらに賃貸にすると「貸家建付地」となって借地権割合×借家権割合が控除できるので
　4000万円 ×〔1－（0.6×0.3）〕＝3280万円
③建物と土地の相続税評価額
　①1400万円＋②3280万円＝4680万円

物件購入代金で現金が1億円減少し、相続財産も1億円減少します。増える建物と土地の相続財産は4680万円です。差し引き5320万円の評価減ができたことになります。

実例[購入②] CASE STUDY 富田さんの場合

相続した**保険金**を**収益不動産**に換え**基礎控除内**におさめる

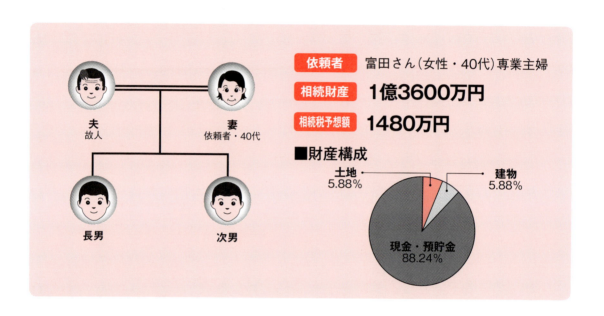

課題 夫が急死 今後のことが心配

　富田さんの夫は、仕事中に体の不調を訴え、そのまま病院で亡くなってしまいました。まだ40代で、まさかこのように突然な出来事になるとは予想もしていませんでした。まだ2人の子供も小さいうえに、専業主婦の自分が今後どうすればいいのか、とても不安になり、相談に来られました。これから先の老後のことまで考えると、どうしていいかわからないというのが正直な気持ちだということでした。

　富田さんの親族は遠方のため、経済面でも精神面でも頼ることはできません。夫が残してくれた財産で今後の生活の基盤をつくり、生活を維持していく必要がありました。

　幸いなことに自宅マンションは、夫が住宅ローンを組んで購入していましたので、団体信用生命保険が下りました。それで住宅ローンはすべて返済できたのです。

　住まいには困らない状態となりましたが、収入を得るためには富田さん自身が働かなければなりません。けれども、まだ子供が小さいので、仕事を見つけることは簡単ではありません。

　かといって預貯金を切り崩していくと、いずれ底をついてしまうのではという不安があり、また、自分の相続のことも考えるとこのままではいけないと思えるのです。

生前に取り組んでおきたい不動産の節税策 ● 第2章

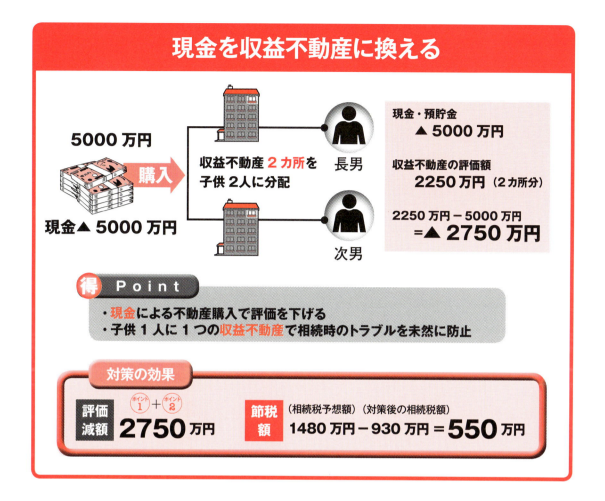

ポイント1 収入を確保するため、収益不動産を購入

　夫の相続財産としては退職金と生命保険金が入り、まとまった金額となりました。しかも、すぐに使う予定はないとのことでしたので、現金で収益を生む不動産への組み替えをする提案をしました。
　毎月の家賃が入ることで安定収入となり、仕事ができるようになるまでの間の不安を解消することができます。富田さんはすぐに決断されたので、収益不動産は立地が良く、長期的に運用できるものを慎重に選んで購入していただきました。

ポイント2 購入する不動産は分けられるように複数にする

　富田さんには子供が2人おり、将来の相続でもめることのないよう、2つの賃貸不動産を購入して、分けられるように配慮しました。市場に流通しやすい価額の物件を購入すると、売却もしやすくなります。
　また、単身者用のものであれば、需要も多いので貸しやすくなります。
　現金を保有したままでは、相続のときそのままの評価となり、相続税がかかることが明らかです。現金で不動産を購入することにより、評価が下がり、相続税の基礎控除内の財産額とすることができました。

生前対策

【資産組替】

相続した土地を守るより 価値を上げて残す

理解すること

- 収益力のある土地が財産。収益力がない土地は不良資産になりかねない。
- 不良資産を売却して優良資産を購入し、不動産運用をするのがトレンド。
- 賃貸物件は、賃貸や売却に有利な選択基準に基づき購入する。

KEYWORD

優良資産

資産から生み出される収益が長期的に安定していれば、優良資産といえる。逆が不良資産。自分の所有している資産が、収益を生むか、それとも固定資産税や維持費が出ていくばかりかを、判断することが先決。

数よりも質、収益が上がる不動産が財産となる

土地を持っているだけで財産になる時代は終わりました。持っているだけでその土地からの収益がなければ、固定資産税や維持費がかかり、お金は出ていくばかりで持ち出しとなって、財産とはいえない状態になります。土地を駐車場に利用しているといっても、相続税の節税効果はありません。

今までは多くの土地を所有することが資産家の証しであり財産でしたが、土地の価格が下がった今では固定資産税や維持費を考えると、収益力のある土地が財産であり、収益力がない土地は不良資産となりかねません。数よりも質にこだわって、選別していく時代になりました。

多くの土地や大きな土地を所有する場合、そのままでは節税対策はできません。土地の一部を売却して、売却代金で建物を建てたり、賃貸マンションを購入したりして収益を上げられる不動産に組み替えていくことで、初めて節税になるのです。

不良資産から優良資産への転換

最近まで節税対策の主流となっていたのは、所有地に借り入れをして賃貸アパートを建てることでした。そのため、至る所にアパート、マンションが建ちました。今や供給が需要を上回り、駅から遠く買い物に不便なところや老朽化した建物など、条件の悪い物件には空室が目立つ事態となっています。

そうした現実から、相続税の節税対策の動向としては、不良資産を売却し優良資産を購入して不動産運用をする、つまり、資産組み替えの時代へと変化しています。

たとえば、古アパートを所有しているが、

生前に取り組んでおきたい不動産の節税策 ● 第2章

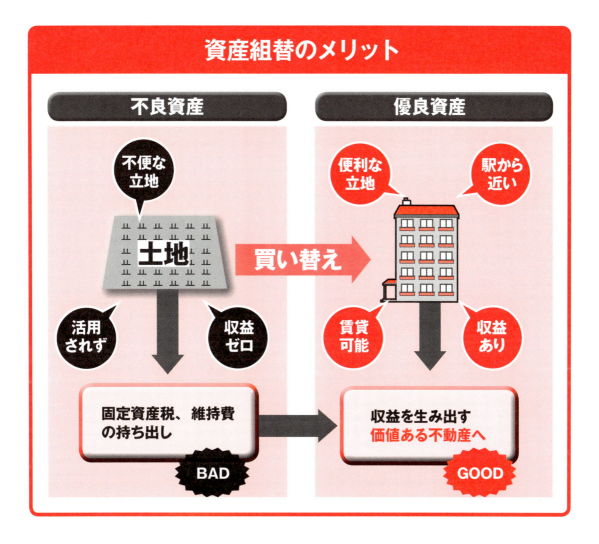

賃料が安く収益が上がらなくなった場合は、売却して駅近郊の収益物件を購入することで、収益も改善されます。

所有地の立地を変えるために買い替え

また、所有している土地が賃貸事業に適していないこともあります。賃貸にするのであれば、最寄り駅からの距離が徒歩10分程度以内であることが第一条件です。周辺の住環境なども重要になりますが、所有地だけに、そうした条件は今から選べません。

賃貸事業をするのであれば、その土地が適地であるかそうでないかを冷静に判断し、適さないとわかれば、売却して、別の方法で賃貸事業をするようにします。これが資産組み替えです。

賃貸物件にするなら、最寄り駅からの近さや周辺の環境、町や地域のブランドなどを選択基準にして立地を決めると、賃貸や売却にも有利になります。

たとえば、年間収入250万円の古いアパートを1億円で売却し、家賃が10万円／月の賃貸マンションを4室購入すると、年間収入は480万円となり、約2倍の収入が得られるようになるのです。

実例 [資産組替] CASE STUDY 関さんの場合

住まない自宅を売却し都心の不動産に買い替える

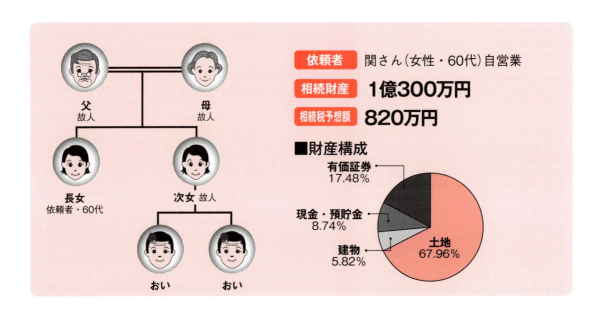

依頼者	関さん（女性・60代）自営業
相続財産	1億300万円
相続税予想額	820万円

■財産構成
- 有価証券 17.48%
- 現金・預貯金 8.74%
- 建物 5.82%
- 土地 67.96%

課題　誰も住まない自宅は金食い虫

　関さんの父親は昨年亡くなり、土地、建物などの財産は関さんが相続しました。関さんは父親とは同居しておらず、独身のため、一人暮らしです。高齢になった父親の世話をする必要もあり、フルタイムの仕事をすることはできませんでした。母親は20年も前にすでに他界しており、妹も亡くなったため、自分の相続人は2人のおいになりました。

　父親の相続財産の中で大きな割合を占める自宅不動産をどうするかが課題でした。自分の住まいとは離れたところに立地しているうえに、住まない父親の家を持っていても収益もなく、固定資産税などの税金がかかるだけ、という状態です。

住まない家は売却してしまう

　自宅を壊してアパートを建て、賃貸収入を得ることも検討しましたが、何より、関さんの住まいと離れていることから、思い切って売却して、立地の良い地域で収益不動産（賃貸マンション）を購入することを提案しました。

　父親の家は、閑静な住宅街にあり、面積は180坪ほどあります。二方が道路に面した整形地なので、建て売り住宅に適しています。そうした好条件が幸いし、ほどなく売却する

生前に取り組んでおきたい不動産の節税策 ● 第2章

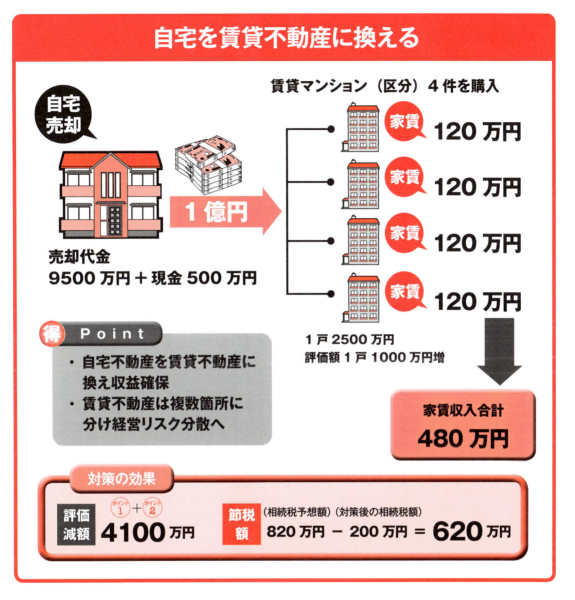

ことができました。

ポイント2　4つの賃貸マンションに分けてリスクを分散

　賃貸経営は、1つにまとめるよりは、分けたほうがリスク分散ができると判断しました。今回のケースの場合、4つの賃貸マンションに分けて購入し、それぞれ賃借人も決まりました。
　物件を選ぶ基準は、駅に近く住環境も良い

こと、売却するにも流通しやすい価格帯にすることなどです。
　毎月、安定した賃料を得ることができ、生活の基盤も確保できるようになりました。売却で得た金銭を貯金し、日々の生活費として切り崩していくだけであれば、預金が減る不安があります。けれども、毎月安定した収入を得るようになったことで、精神的な不安からも解放され、落ち着いた生活を取り戻すことができたと喜んでいただきました。

生前対策 【活用】

節税と収益がのぞめる賃貸事業は土地活用の有力な選択肢

理解すること

● 土地を活かした賃貸事業は、節税対策として有力な選択肢。

● 貸家建付地の評価減、建物の評価減などで、かなりの減額が可能。

● 小規模事業用宅地等評価減の適用もできる。

KEYWORD

小規模事業用宅地等評価減

事業のために使用している場合の宅地の財産評価は、一定面積については安くなる。特例の適用を受けるためには、所有する宅地が、個人が相続や遺贈により取得した宅地かどうかなど、いくつかの条件を満たさなければならない。

土地は守るより活かして次世代へ継承する

不動産を所有していれば、毎年、固定資産税が課税されます。固定資産税を納税して初めて、その不動産は維持できるのですから、土地を守ることは並大抵の努力ではありません。できればその土地を活かして収益が上がれば、苦労なく維持できるというものです。

そのためには、土地で賃貸事業をすることが選択肢の一つとなります。工夫して、守り抜いて、次世代に継承できれば、やはり大きな価値があることといえるでしょう。

アパートを建てたら大きな節税になる理由

所有する土地が賃貸事業に適していると判断された場合は、賃貸事業の収支計画が成り立つことを確認したうえで、アパートやマンションを建築します。そうすれば、相続税は確実に、大きく節税できます。多くの土地を所有する場合は、土地を活かして節税対策をすることが必要になりますので、土地を活かした賃貸事業は有力な選択肢といえます。

では、なぜ、所有地にアパートを建てたら節税になるのか、説明しましょう。

①建物評価は固定資産税評価額となりますが、現実にかかった建築費よりも低く評価されており、通常は建築費の40〜50％程度です。それを賃貸していればさらに借家権割合を控除し70％で評価します。

②建てる土地の評価は、「貸家建付地」評価となります。借地権割合が60％、借家権割合が30％のところでは、更地評価から18％（60％×30％）を引くことができますので、82％の評価として計算します。

③さらに、賃貸物件を建てる際の借入金は、負債として引くことができます。

生前に取り組んでおきたい不動産の節税策 ● 第2章

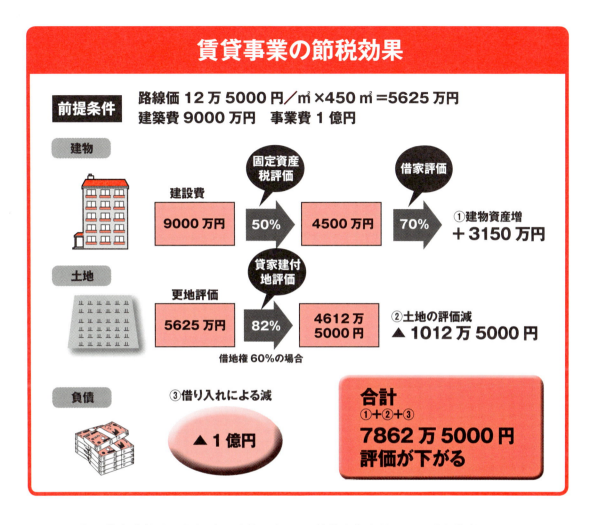

このような貸家建付地の評価減、建物の評価減、負債のマイナスを総合すると、かなりの減額となり、相続税は確実に安くできるというわけです。

小規模事業用宅地等評価減の特例も

賃貸事業用地は、「小規模事業用宅地等評価減」の特例があり、この条件に当てはまれば200㎡までは50％で評価することができます。

居住用の小規模宅地等の特例の要件が厳しくなり、同居親族などに絞られてしまいましたので、居住用の特例を使えない場合には、賃貸事業を始めておくと節税になります。

賃貸事業は収入の大きな支えとなる

節税対策とはいえ、事業というものは、収益が出ないと成り立ちません。商売であれば誰でも理解できることですが、それは賃貸事業でも同じことといえます。相続税の節税対策が主目的だとしても、適正な収益が上がる事業としてスタートすることが大切です。

そうした見極めのうえで賃貸事業に取り組むことができれば、所有地から適正な収益が上げられ、しかも節税対策にもなり、土地の本来の価値を活かすことができます。

実例[活用] CASE STUDY 松岡さんの場合

畑に賃貸住宅を建て節税と納税資金を準備

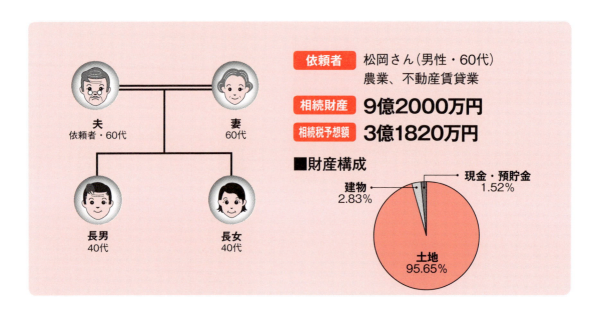

依頼者	松岡さん（男性・60代）農業、不動産賃貸業
相続財産	9億2000万円
相続税予想額	3億1820万円

■財産構成
- 土地 95.65%
- 建物 2.83%
- 現金・預貯金 1.52%

課題　財産の大部分が不動産　子供は農業を継がない

　代々農業の松岡さんは、父親の相続時に1億円近い納税額となり、2カ所の土地を売却しなければなりませんでした。その経験もあり、土地を守っていきたいと痛感され、自分の相続のための節税対策をしようと考えました。

　松岡さんは夫婦で農業を続けてこられましたが、高齢になるにつれ農作業は負担になってきています。会社員の長男と嫁いだ長女が農業を続けることも困難だと感じ、農業を縮小していきたいと考えておられました。

　父親が生前対策として建てたアパートは築20年を経過し、間取りも建物も古くなっていましたので、次の対策を検討する時期も来ていました。

ポイント1　自宅に隣接する畑に賃貸住宅を建てる

　自宅に隣接する畑では、ビニールハウスで野菜を作り、即売所にしていますが、ほかにも広い畑があり、農業経営には大きな影響はありません。今後も土地を残すためにも安定した賃貸事業をして収益を上げることが必要です。さらには松岡さん自身の相続税の節税を考えなくてはなりません。

　近隣の市場調査を行った結果、松岡さんに提案した賃貸住宅は、次のような物件です。

生前に取り組んでおきたい不動産の節税策 ● 第2章

周辺のファミリータイプの賃貸物件との差別化を図り、特色を持たせるために「オール電化でペットが飼える賃貸マンション」をコンセプトにしました。

1K、1DK、1LDKと間取りにバリエーションをつけ、オール電化として、電気温水器とIHヒーターをつけました。ペットは室内犬1匹を想定し、内装もペットがいても傷がつきにくい素材のものを選択するなど、修繕費が増えないような工夫も加えています。

総事業費は2億5000万円で、相続税の節税対策のため、全額を金融機関から借り入れました。全24世帯の毎月の家賃収入は合計175万円、返済は95万円、差し引きすると手元に毎月80万円（45％）が残り、年間で960万円の収入増が実現できました。

また、節税効果で9405万円になりましたので、相続税は賃貸事業の収益で納税資金を準備し、土地を残して相続を乗り切れる見通しをつけることができています。

生前対策

【法人】

賃貸経営の会社をつくって資産の増加を回避する

理解すること

- 賃貸事業は節税効果大だが、所得税もかかり、家賃収入が現金として残る。
- 不動産管理会社をつくり、会社に家賃の一部を払うと所得税の節税にもなる。
- 不動産管理会社には、3つの方式がある。

KEYWORD

不動産管理会社

実際に不動産を所有している者に代わり管理業務や一括借り上げをして転貸するための法人。①転貸方式（サブリース方式）、②管理委託方式、③不動産所有方式がある。③は建物を取得して法人が賃貸経営を行う。

賃貸事業を始めたら現金が増える

所有地に賃貸マンションを建てて、節税対策をするのは効果的ですが、大変な労力が必要となります。決断してから着工、完成まで1年から2年はかかるため、待望の賃貸マンションが完成すれば、やれやれと思いたいところです。

しかし、賃貸事業が順調に稼働し、家賃が入るようになると、次は所得税がかかってきます。家賃収入が増え、今まで以上に賃貸事業の収益が上がれば、現金が財産として残っていくことになりますので、次の相続人の負担が増えることになります。

賃貸マンションを建てた節税効果は確実にあるというものの、増える現金に対して相続税が課税されますので、それも防ぎたいところです。

不動産管理会社をつくると節税できる

そうした場合、現金が増えることを避けるために不動産管理会社となる法人をつくります。会社に家賃の一部を払うことで現金が増えることを防ぎ、所得税の節税にもなるのです。

また、親族に役員報酬を払うことで、納税資金を貯めることもできるようになります。

サブリース方式と管理委託方式がある

この不動産管理会社を利用する方法には、自分の持っているアパート・マンション等を一括してその管理会社に貸し付けるサブリース方式（転貸方式）と、管理会社にそのアパート・マンション等の管理を任せる管理委託方式（管理料徴収方式）とがあります。

「サブリース方式」とは、管理会社に自分

生前に取り組んでおきたい不動産の節税策 ● 第2章

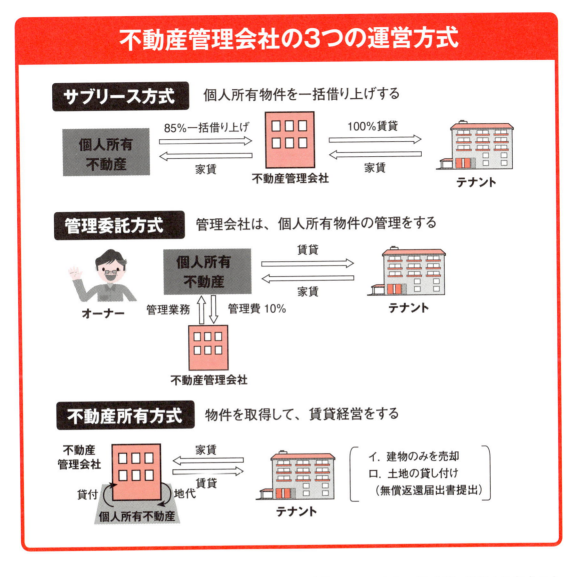

のマンションを一括して貸し付け、その後、その管理会社が第三者に貸し付けるという方法です。

「管理委託方式」とは、不動産管理会社に不動産の管理を任せて管理費を支払うという方法です。

不動産所有方式は
節税効果が小さいこともある

「不動産所有方式」とは、土地は個人所有のままで、建物だけを管理会社が所有し、会社が建物オーナーとして第三者に賃貸する方式です。

この場合は、建物を会社名義で建てるため、個人の借り入れはなくなりますので、節税対策という観点で見れば、土地を同族会社に貸していることの減額のみで、節税効果は小さくなります。

また、すでに建っている建物を法人が買い取る場合は、時価（簿価）売却となります。築年数が経っていないと相続税評価額以上の価額での売却であるため、相続財産の増加となる場合は注意が必要です。

実例［法人］ CASE STUDY 山中さんの場合

同族会社で所得の分散を図り所得税の節税をする

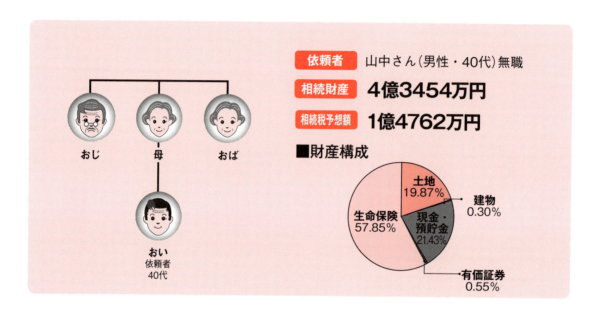

依頼者　山中さん（男性・40代）無職
相続財産　4億3454万円
相続税予想額　1億4762万円

■財産構成
- 土地 19.87%
- 建物 0.30%
- 現金・預貯金 21.43%
- 有価証券 0.55%
- 生命保険 57.85%

課題　お世話をしているおじから財産を譲り受けることに

　山中さんのおじ（母親の兄）は配偶者はすでに亡くなり、子供がいません。おば（母親の妹）も独身で、山中さんに兄弟姉妹がいないため、おじ、母親、おばの3人の面倒は山中さんが見る状況です。容易ではありませんが、妻や子供が協力してくれています。

　父親が亡くなった後、母親も倒れて認知症が進んでしまい、介護のために会社を退職しました。

　おじも自宅で生活することが困難になり、介護施設に入所しましたので、そちらも山中さんが頻繁に顔を見にいくようにしています。

　そうした背景があり、おじは山中さんを信頼してくれており、公正証書遺言も作成して、財産を受け取ることができるようにしてくれました。おじは親から相続した土地の賃貸料で年間3000万円の収入があります。このままだとさらに財産が増えて相続税が多額になるため、なんとかしたいと相談に来られました。

ポイント1　住まない家を賃貸不動産に建て替え

　おじは介護施設に入っているため、自宅は空き家となっています。固定資産税がかかっているだけで、持ち出しの状態です。そこで、自宅を壊して賃貸住宅に建て替える提案をしました。

生前に取り組んでおきたい不動産の節税策 ● 第2章

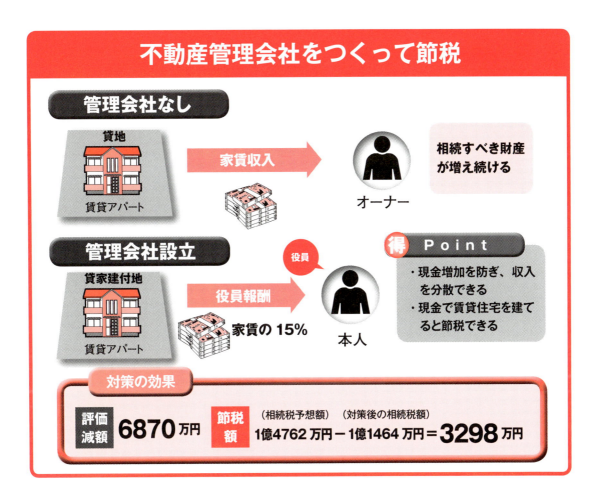

　周辺の賃貸市場を分析したところ、人気の住宅エリアであり、賃借人の需要も家賃も安定しているため、アパートを建てて家賃収入を得るのがいいと判断しました。

　おじは預貯金が多く、借り入れをしなくても建て替え資金はあるので、現金を使うことも提案しました。これにより、相続税評価額も下がり相続税の節税になりました。

ポイント2 不動産管理会社を設立する

　おじの賃貸収入が多いこと、実務は山中さんが行っていることなどから、不動産管理会社を設立することを提案しました。法人がおじから賃貸住宅を一括して借り上げ、入居者へ転貸することにより、不動産管理会社は安定した収入を得ることができます。

　法人は山中さんが運営するので、新たな職業となり、妻や子供も役員にすることで、役員報酬を受け取ることができます。借り上げ家賃は家賃収入の85％程度が一般的ですので、おじは今までより所得を15％抑えることができ、所得税も節税できます。

　結果として、おじ1人に集まっていた所得を分散することができ、所得税を節税することもできました。

　山中さん一家も安定した収入を得ることができ、金銭的な不安から解消され、落ち着いた生活が送れるようになったと喜んでいただきました。

COLUMN 3

これからの長寿社会、認知症には「民事信託」で対策する

遺言書は亡くなるまで使えない

遺言書は自分の最後のメッセージになるもので、自分の財産の分割などを指定できます。しかし、遺言書は亡くならないと効力が発揮できず、自分ではその形を見届けられません。

一方、「民事信託」は前述したとおり、自分の意思能力が明確なうちに手続きを取る必要があり、自分が指定する財産継承を信託契約することで実現し、見届けることができます。遺言書と民事信託の大きな違いは、生前に実現できるか否かにあります。

どちらがいいのかは、財産の内容や規模によって判断が分かれます。不動産は自宅のみで、あとは金融資産だけで相続税もかからない額だとすると、節税対策は不要ですので、もめないように遺言書で分割を指定するだけでもいいと言えます。

けれども不動産が複数あり、相続税がかかる財産がある方で、さらに賃貸事業もしている場合は、賃貸事業や相続対策が滞りなくできるように「民事信託」をしておく必要があります。すると親の意思能力が低下したときでも、子供が親の代わりに継続して事業や対策に取り組むことができ、不安は解消されるのです。

認知症になっても困らないよう「民事信託」を用意

長寿社会の昨今は、相続までの間も財産や家族の変化に応じた対策をする必要があります。増加する認知症の対策も考えないといけません。

よって、相続税がかかる財産を所有する人は「民事信託」にも取り組むのが望ましいです。信託契約をしておくと、信託財産を管理・処分、節税対策にも取り組めます。「民事信託」に適しているのは次のような場合です。

- ・相続対策が必要な財産を所有しているが高齢で認知症の不安がある
- ・不動産が占める割合が高く、親に代わって相続対策をしたい
- ・子供がいないため、今後の財産管理方法や相続のやり方に不安を持っている
- ・生前贈与を最大限有効活用したい
- ・障害をもった子供がいるなど、行く末が心配で不安を解消しておきたい
- ・次世代だけでなく、次々世代以降も財産の承継先を決めておきたい

ADVICE

- ・民事信託が長寿社会の認知症対策となる
- ・遺言書は亡くなるまで効力が発揮できない
- ・民事信託では財産を管理、処分などの対策ができる

第3章

複合技で大きく節税する不動産対策

購入 資産組替

CASE STUDY ● 尾崎さんの場合
1586万円の節税に成功

現金で賃貸不動産を2カ所購入し節税とリスク分散を図る

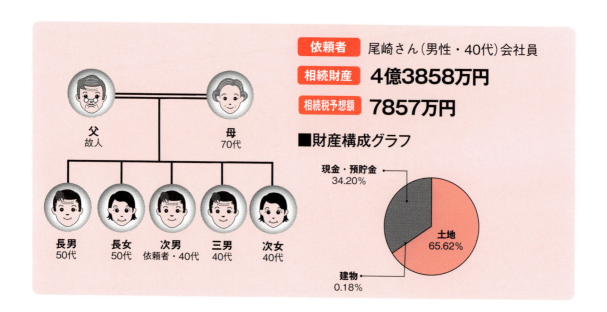

依頼者：尾崎さん（男性・40代）会社員
相続財産：4億3858万円
相続税予想額：7857万円

■財産構成グラフ
- 現金・預貯金 34.20%
- 土地 65.62%
- 建物 0.18%

課題　一次相続以上に相続税がかかる二次相続

　尾崎さんの母親は、3年前に亡くなった父親の財産の半分を相続しました。父親は農家の長男で、祖父より多くの土地を相続し、貸家や駐車場にして不動産賃貸業を営んできました。一部の土地は国の施設に賃貸しており、土地の収益で生活できます。

　父親は、節税しないと相続税が大変だと周りからいわれながら、何も対策をしないうちに倒れて意識不明となり、そのまま数年後に亡くなってしまったのです。

　所有地は全部現地調査し、多くの土地の評価を下げてできるだけの節税をしました。母親が健在で、財産の半分を相続してもらったので、納税も少なくできたといえます。

　財産の約65％が土地で、負債がないため、多額の相続税がかかることを覚悟しつつも、できる節税はしたいと、次男の尾崎さんが中心となり、当社に依頼をされました。

　尾崎さんの所有地は、不整形地や斜面の土地などがあり、全部確認して評価を下げたことと、半分は母親が相続することで、納税を減らしました。子供たちの相続税は土地を売却して済ませることができました。

　母親が相続したのは、主に賃貸収入が入る貸家・貸地と預貯金です。父親の財産の半分とはいえ、まとまった額になりますので、生活費に充てられます。母親はまだ元気ですが、

複合技で大きく節税する不動産対策 ● 第3章

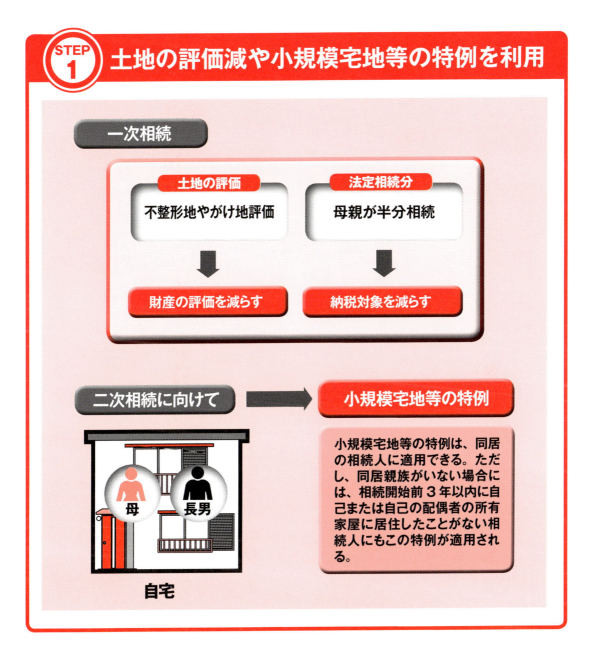

父親のように突然のことがないとも限りません。今度は少しでも節税対策をしたいと尾崎さんから相談がありました。

小規模宅地等の特例と評価減でできる節税

尾崎さんは実家から離れて生活していますが、幸い長男が母親と同居しています。

長男が自宅を相続することについて、ほかのきょうだいは誰も異論はないので、小規模宅地等の特例が適用できる状況は整っています。貸家や駐車場の土地の評価も確認してみましたが、自宅の330㎡を80％減額するのが一番効果的だと判断できました。

しかし、これだけでは、まだ多額の相続税がかかるため、次の提案をしました。

STEP 2 区分マンションを2戸購入してリスク回避

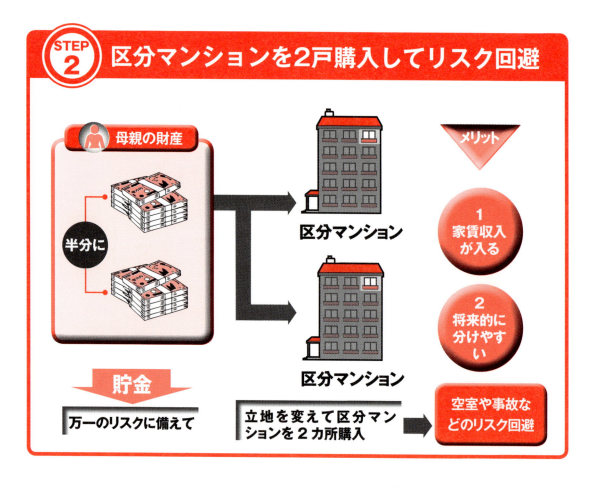

STEP 2 現金を不動産に組み替えて節税

　母親の財産で目立つのが、現金の多さです。このままにすれば、納税資金にはなりますが節税はできないため、現金で賃貸不動産を購入して、節税することを提案しました。

　すべて不動産に換えてしまうと、万が一現金が必要になったときに困るという不安があるため、半分を残して対策するようにしました。

　アパート1棟を購入する選択肢もありますが、地震や火災によるリスクが高いため、区分収益マンションをおすすめしました。しかも、立地を変えて区分収益マンション2カ所を購入することで、一方が空いたり事故が起こったりした場合でも、もう一方が稼働していれば損害は回避できます。

　尾崎さんは、母親やきょうだいの同意のもと、節税対策となる収益マンションの購入について、すぐに決断をされ、契約も順調に進められ、対策ができたのです。

　この収益マンションは、母親の自宅からは離れていますが、将来は尾崎さんが相続することを前提として、立地を決めて購入することにしました。人気の高いエリアにあるため、賃貸需要が高く、いつでも賃借人が見つかる好物件です。

　現金のままにしておくと、資産も増えず節税対策にもなりません。一部を不動産にすることで、家賃収入が入るため、楽しみも増えたといえます。

複合技で大きく節税する不動産対策 ● 第３章

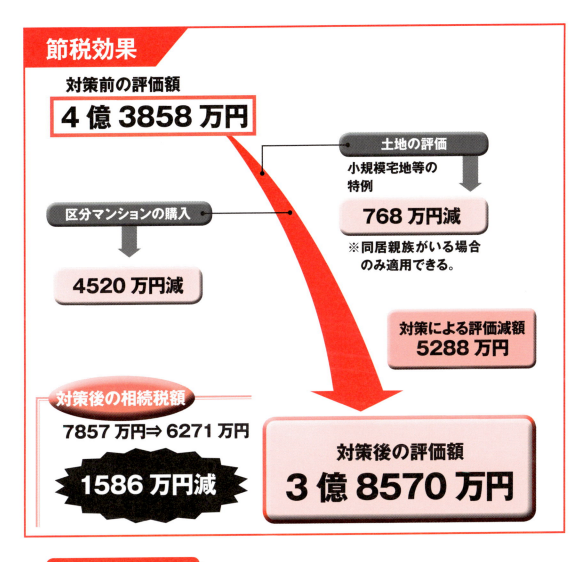

対策のポイント

1. 現金は評価を下げることができないため、そのまま持っているのは不利

2. 現金を収益不動産に組み替えることで、評価額を大幅に下げることができる

3. 同じ立地ではなく、場所を変えて物件を購入することで、リスク回避となる

活用 資産組替

CASE STUDY ● 川村さんの場合
4983万円の節税に成功

自宅の土地を分筆し積極的な不動産活用で節税

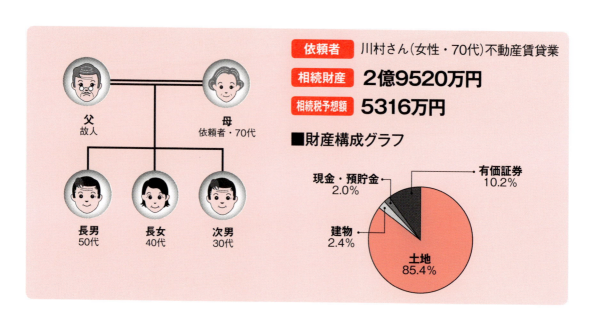

依頼者	川村さん（女性・70代）不動産賃貸業
相続財産	**2億9520万円**
相続税予想額	**5316万円**

■財産構成グラフ

課題 自宅の土地が広いため分筆して分ける用意をした

川村さんは、数年前に夫を亡くしました。そのときに確定申告を依頼している税理士に相続に関する手続きを依頼しました。自宅の土地が一番大きな財産でしたが、配偶者控除の特例を活かすため川村さんが相続しました。

子供はそれぞれ独立しているので、川村さんは一人暮らしとなりました。その後、次男が家を建てたいと希望し、土地を3つに分筆して、右端に次男一家が住み始めました。そのときに子供が将来的に1区画ずつ相続するようにと考えましたが、本当にそれでいいのか思案しているところでした。

また、所有するアパートも空室が多く悩みの種となっていました。

STEP 1 自宅の土地を活用し小規模宅地等の特例を利用

まずは、生前対策を取らずにできる節税として、自宅に小規模宅地等の特例を適用することが考えられます。そのためには遺産分割の整理が必要です。

この機に親子で話し合い、自宅は川村さんと長男一家が住み、長男が相続していくようにしました。次男はすでに自宅の土地として使用しているところを相続、長女は嫁いでいるので、収益不動産を相続することで合意が

複合技で大きく節税する不動産対策 ● 第3章

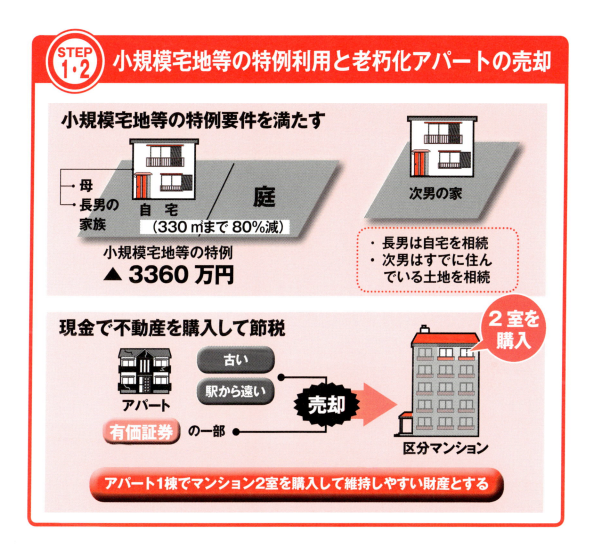

得られたのです。

これにより長男が相続する自宅部分の土地に小規模宅地等の特例（330㎡まで80%減）を適用することを想定し、金額にして3360万円の減額が可能になりました。

STEP 2 アパートを売って別の立地に買い替える

別の土地に所有しているアパート8世帯は、最寄り駅から徒歩20分の立地で、築年数も20年以上で、入居者が退去した後は空室のままでした。このまま賃貸経営をするには、相当な修繕費をかける必要があります。また、駅までの距離や周辺の環境から、リフォームや建て替えよりも売却することが妥当だと判断しました。

ただし、まだ亡夫名義のままでしたので、川村さんが相続し、3カ月程度で売却が完了しました。売却代金と有価証券の一部も換金して足し、立地の良いマンションを2室購入することにしました。

1つにまとめるよりは、売却、賃貸しやすい価格や広さにすることで、維持しやすくなったのです。長女はこれを相続することに決めました。

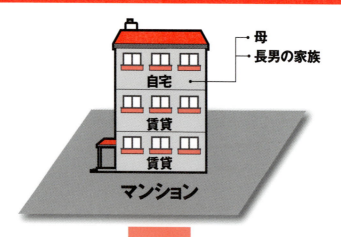

 積極的な不動産活用で相続税をなくす

　自宅の土地は当初、3つに分けるつもりでしたが、賃貸住宅を建てるには土地が広いほうが、家賃収入や入居者募集の効率が良いことから、次男が家を建てている土地以外に残る2区画を活用することを提案しました。

　つまり、長男が相続するのは自宅の土地の3分の2となります。そこに新たに賃貸住宅兼自宅の建物を建てるようにしたのです。具体的には1、2階を賃貸住宅、3階を川村さんと長男の自宅にしました。川村さんの老後は長男家族が見てくれるので不安も解消されました。しかも、長男には家賃収入が入ってきますので、これが土地を所有する価値となります。

　賃貸住宅兼自宅の建設で、小規模宅地等の特例が利用できるようになり、賃貸物件であることから貸家建付地評価もできるため、節税効果が大きく、相続税もかからないようにできたのです。

複合技で大きく節税する不動産対策 ● 第3章

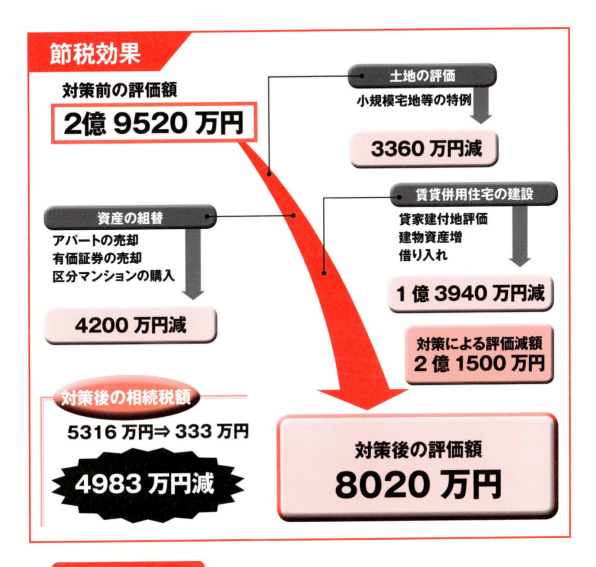

対策のポイント

1. 賃貸に適さない立地のアパートは、建て替えよりも売却が妥当
2. 自宅を賃貸併用住宅にすることで、収益が見込める
3. 自宅と賃貸部分は面積按分で個々の評価をする
4. 財産の分け方を話し合いで決めておく

贈与 資産組替

CASE STUDY ● 星野さんの場合
4096万円の節税に成功

妻には自宅、子供には現金を贈与して節税

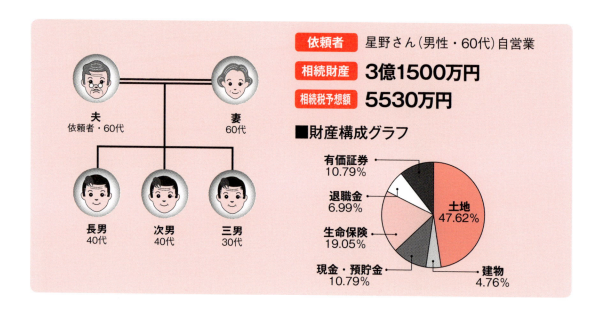

依頼者	星野さん（男性・60代）自営業
相続財産	3億1500万円
相続税予想額	5530万円

■財産構成グラフ

- 有価証券 10.79%
- 退職金 6.99%
- 生命保険 19.05%
- 現金・預貯金 10.79%
- 建物 4.76%
- 土地 47.62%

課題　隣地を弟から購入、節税と遺産分割を考えたい

　星野さんはIT関連会社の創業経営者です。会社は順調に成長してきましたので、財産形成も計画的にしてきました。自宅の土地は父親の相続で取得し、等分に分けた弟が隣地を所有しています。星野さんは家を建てて家族で住んでいますが、隣地を相続した弟は別のところに住んでいるため、その土地を利用する予定はなさそうです。星野さんは自分の子供が利用できればと、将来的には弟から買い取りたいと考えています。

　60代になったことから、会社の事業承継も考え始めました。そこで、個人財産につい

ても、そろそろ節税や遺産分割を考えて準備しておきたいと思い、当社に提案を依頼されました。

　星野さんの希望は、家族の不満が残らないような相続をさせたいということです。財産の内訳は不動産や現金、有価証券とバランスよく財産を保有されていますが、節税対策は取れていないのが実情でした。

 **配偶者控除の特例で自宅を配偶者に贈与する**

　まずは、手軽にできる節税対策として、贈与税の、配偶者控除の特例を活用することができます。星野さんの不動産はご本人単独所有となっていましたので、夫婦間の財産のバ

複合技で大きく節税する不動産対策 ● 第3章

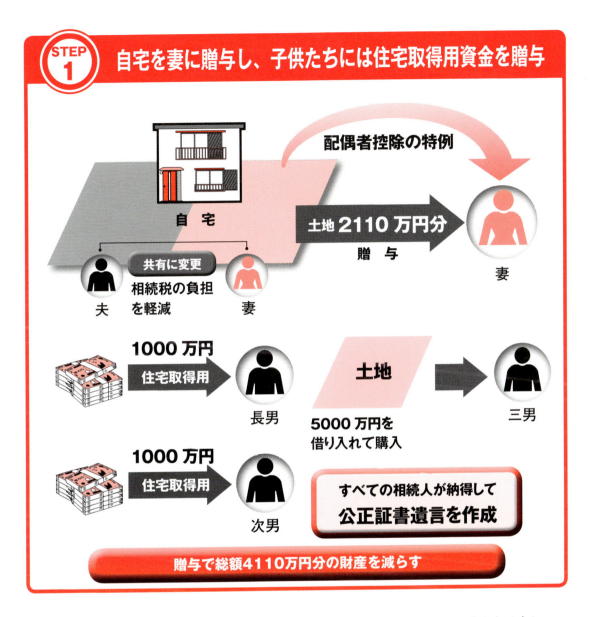

ランスは取れていません。それでは万一、妻が先に亡くなってしまうと、配偶者控除の特例が使えず相続税の負担が大きくなります。

それを避けるために、贈与税の負担がかからない分を妻に移しておくのです。2110万円分の土地を贈与することとし、土地評価を税理士にも確認し、持分割合を決めて共有としました。

弟の所有地については時価相当の金額を算定し、借り入れで購入することにしました。

また長男、次男が自宅の購入を予定していましたので、住宅取得用の現金1000万円までは贈与税がかからない特例を利用し、贈与しました。三男は弟から購入する自宅隣地に家を建てるようにするつもりですので、これで子供たち全員が自宅を持てるようになります。贈与金額と土地の差がある分は、賃貸不動産などでバランスを取り、妻や子供たちにも理解を得た内容で公正証書遺言を作成しました。

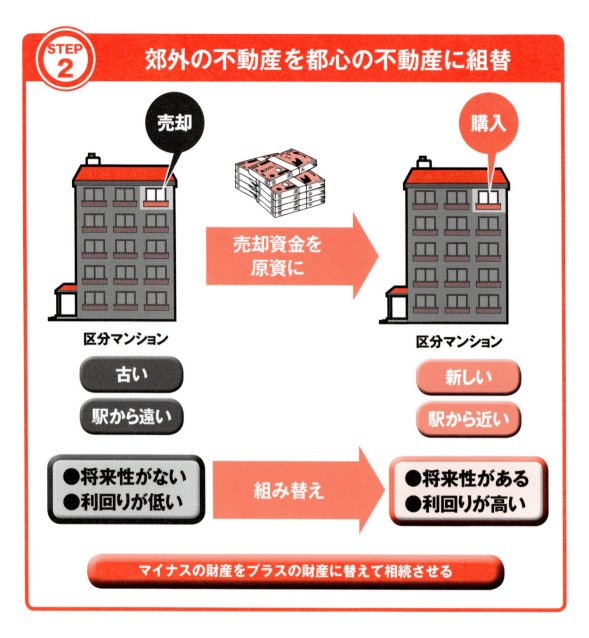

STEP 2 郊外のマンションを売って、都心のマンションに買い替える

　生前対策としては、資産の組み替えを実行しました。

　星野さんの所有している賃貸マンションは全部で3部屋あります。2部屋は都心で駅からも近く築年数も比較的新しい不動産です。残りの1部屋は郊外に立地し、築年数も古く最寄り駅から徒歩20分以上かかるため、これからの不安があります。現在の賃借人が退去してしまうと、すぐには借主が見つからないかもしれません。空室のままならば、収入もなくなり、マイナス資産になってしまいます。早めに売却して、立地の良い収益不動産への買い替えを提案しました。そうしておけば、相続する妻や子供にもプラスの財産で渡すことができます。

複合技で大きく節税する不動産対策 ● 第3章

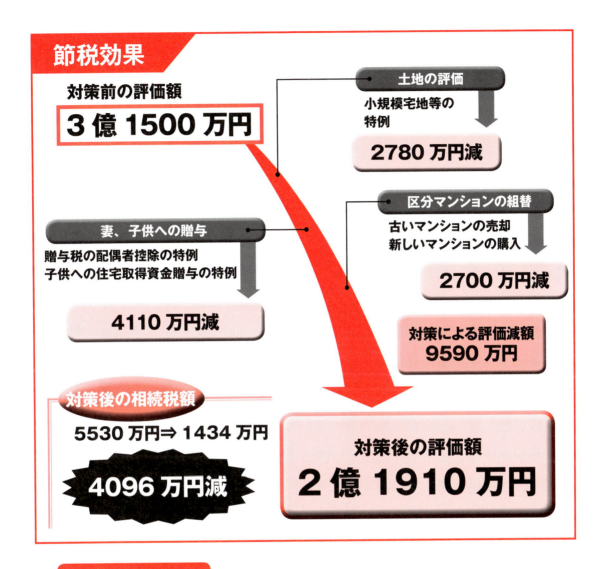

対策のポイント

1. 将来性がない、利回りが低いなどの条件の悪い不動産は売却し、立地の良い物件に組み替える
2. 収益不動産を購入する際に、金融機関から資金を借り入れることによって優良負債を作る
3. 贈与税がかからない範囲で贈与を活用する
4. 財産を整理し、争いのない内容で公正証書遺言を作成する

資産組替購入

CASE STUDY ● 黒田さんの場合
4300万円の節税に成功

稼働率の悪い駐車場を売却し売却代金で自宅を建て替える

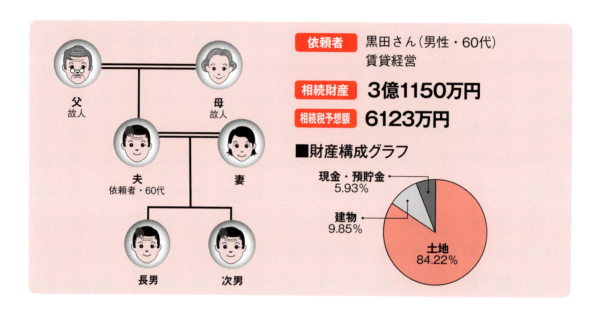

依頼者	黒田さん（男性・60代）賃貸経営
相続財産	3億1150万円
相続税予想額	6123万円

■財産構成グラフ
- 現金・預貯金 5.93%
- 建物 9.85%
- 土地 84.22%

課題　亡父の遺産分割で苦労　早めの相続対策を

　黒田さんの父親は一昨年亡くなりましたが、母親亡き後、90代まで生き、天寿を全うされました。長男の黒田さん夫婦は、両親と同居して、長年面倒を見てきましたので、黒田さんの妻も養子縁組をしています。黒田さんのきょうだいは5人で、父親は遺言を残さなかったため、遺産分割協議では一番下の弟の発言力が強く、苦労したということです。
　黒田さんは自宅とマンションと駐車場を相続し、妻も畑を相続しました。納税は土地を売却して全員分の相続税をなんとか払うことはできました。

　一段落したものの、黒田さん夫婦の財産が多いため、早めに節税対策をしたいと相談に来られました。黒田さんはマンションの借り入れも引き継ぎましたが、それでも不動産評価が高いことから相続税がかかります。妻も財産を所有しているので、自分の財産は子供に負担なく相続できるようにしたいということが希望です。まだマンションの借り入れが残っていることから借り入れをしなくてもいい対策をしたいとのことでした。

STEP 1　相続した土地を売却する

　黒田さんが相続した駐車場は、以前は満車となり稼働率も良かったのですが、最近は空

複合技で大きく節税する不動産対策 ● 第3章

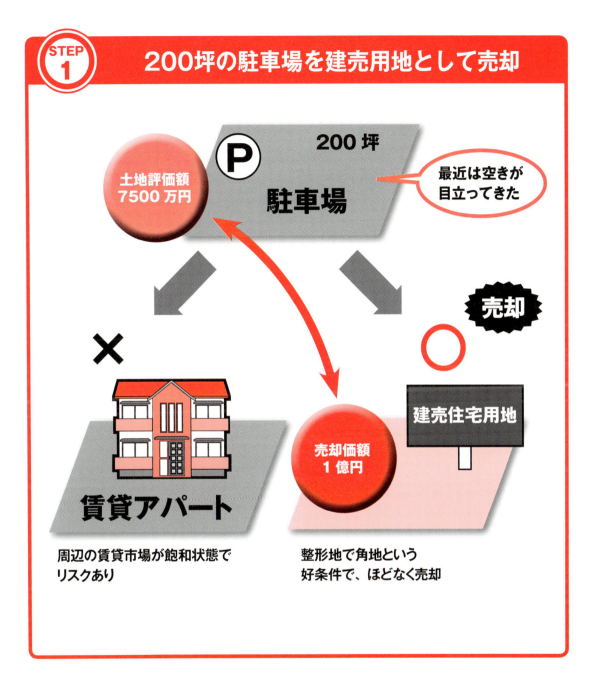

STEP 1 200坪の駐車場を建売用地として売却

きが目立ってきました。そのため、今では固定資産税を支払う程度の収入にしかなりません。

アパートを建て、不動産収入を得ることも検討しましたが、周辺の賃貸市場が飽和状態でもあり、リスクもあると判断し、売却をして資産組み替えをすることを提案しました。

駐車場は角地で、面積は200坪ほどあります。整形地で道路状況も良く、建売住宅に適しています。そうした好条件が幸いし、ほどなく売却できました。

相続税の申告期限の翌日から3年以内の売却で、取得費加算の特例が使えますので、譲渡税は節税できます。

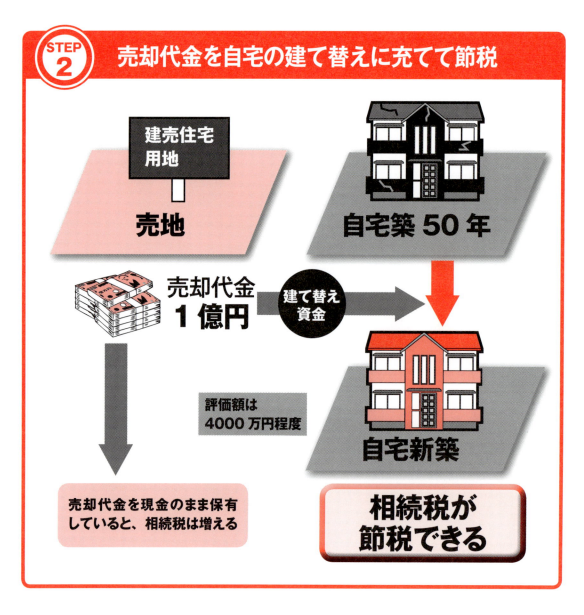

STEP 2 現金で自宅を建てる

　駐車場の土地の相続税評価額は7500万円でしたが、建売住宅用地として売却することで1億円になりました。

　相続税評価額以上の金額で売却できたため、売却代金を現金のまま保有していると、当初よりさらに相続税が増えてしまいます。節税のための対策を行うことが必要でした。

　黒田さんの家は、父親から相続した築50年の建物です。父親が生活しているときは建て替えもできませんでしたが、やはり老朽化しており、リフォームをするか建て替えるか迷っているときでしたので、売却代金を建築資金にするようご提案しました。

　地震など災害の心配もあり、この機に建て替えることを決められました。借り入れすることなく、現金で家が新しくなるばかりか、節税もできることで、安心されていました。

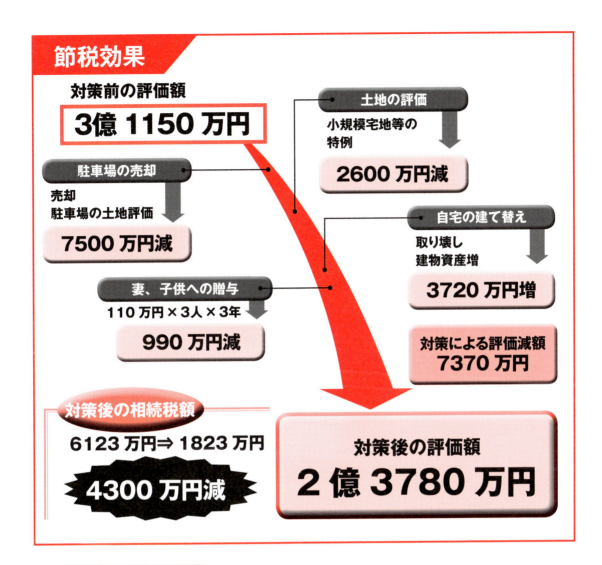

対策のポイント

1. 収益性の低い駐車場を売却することで、資産組替の原資にする
2. 不動産は相続税評価額以上に売れると資産増になり、相続税が増える
3. 相続した土地を売却するなら、申告後3年以内が有利
4. 現金を建物に換えることで評価減となり、節税できる

資産組替活用

CASE STUDY ● 大谷さんの場合
5085万円の節税に成功

古い貸家を解体して
新たな賃貸事業に取り組んだ

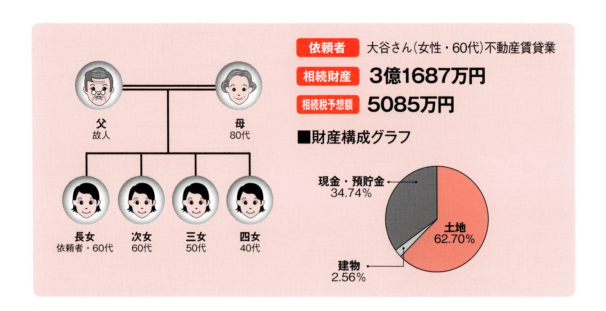

依頼者　大谷さん（女性・60代）不動産賃貸業
相続財産　3億1687万円
相続税予想額　5085万円

■財産構成グラフ
- 現金・預貯金　34.74%
- 土地　62.70%
- 建物　2.56%

課題　貸家が老朽化 長女に運営を引き継ぎたい

　大谷さんは4姉妹の長女です。看護師として病院に勤務してこられ、同じ職場の夫と結婚してからも定年まで勤めました。父親は若くして亡くなりましたが、幸い、母親には親から相続した土地があり、40年以上前から不動産賃貸業で生計を立ててきました。その土地は400坪近くあり、自宅と貸家が建っています。

　母親が高齢になって一人暮らしが大変になってきたため、大谷さん夫婦が同居するようになりました。敷地の中には次女一家も住んでおり、三女、四女も近隣に住んでいるので、自然に交代で母親の面倒を見るようにしてきました。

　それよりも15軒ある貸家業のほうが大変です。築年数が経ってきたため、年々修繕費がかかるようになってきました。それでも空きがありません。長年住んでいる人の中には家賃滞納者もおり、行政からは生活保護の方を入れてほしいという要請もあります。母親は、これも人助けだと全部受け入れてきたようです。

　しかし、大谷さんにとっては、母親から貸家業は任せるといわれても、困ったというのが本音です。跡を継ぐなら、もう少し状況を改善したいし、相続のことも気になると、相談に来られました。

複合技で大きく節税する不動産対策 ● 第3章

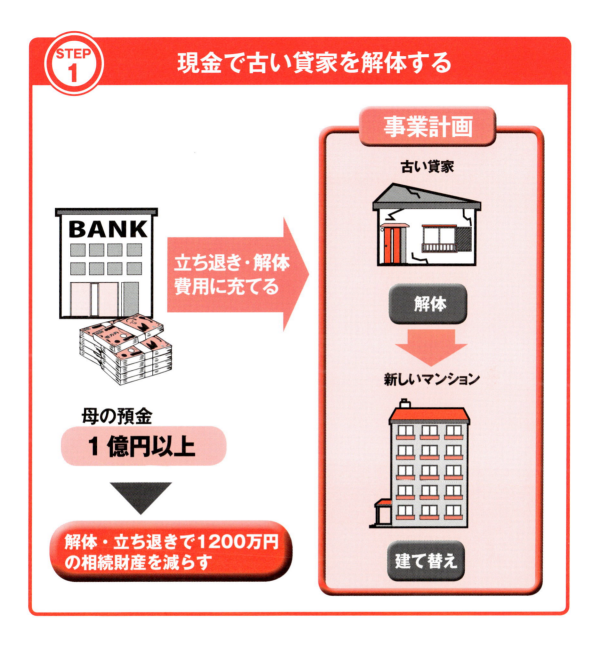

STEP 1 古い貸家は解体する

　母親の財産を確認してみると、預金が1億円以上あることがわかり、大谷さん姉妹もとても驚いたとのこと。節約してコツコツ貯めてきた結果かと思いますが、このままでは相続税がかかり、現金は減ってしまいます。

　そこで、古い貸家を解体して、新たな賃貸住宅を建てるのがいいと判断し、ご提案をしました。賃貸事業を継承する大谷さんが決断されると、母親と妹たちからも同意が得られました。

　入居者にも建物の老朽化を理由に事情を説明して明け渡しに理解をしてもらい、建物を解体しました。これらの費用は母親の現金を充てましたので、節税になっています。

立ち退き・解体後の土地に賃貸マンションを建設

 新しい賃貸マンションを建てる

　周辺には老朽化したアパートが多いのですが、賃貸需要があり、どこも空きがありません。新しいマンションにすればさらに需要は見込める立地ですので、安定した賃貸事業になることが想定されました。

　そこで、まず1期計画として、敷地の半分に比較的ゆったりした間取りで20世帯の賃貸マンションを建てることにしました。土地全体の資産価値を高める目的もあり、ほかと差別化できるような工夫をしながら、大谷さん夫婦や姉妹が住んでもいいような間取りを考えました。それだけで節税対策の目的は果たしているのですが、大谷さんの考えでは、次は老朽化している自宅の建て替えも含めた2期目の賃貸事業に取りかかる予定です。

　自宅や賃貸マンションは事業を継承する大谷さんが相続する予定です。母親の預金を妹たちに分けるようにしたため、建築費は全額融資を受けました。

節税効果

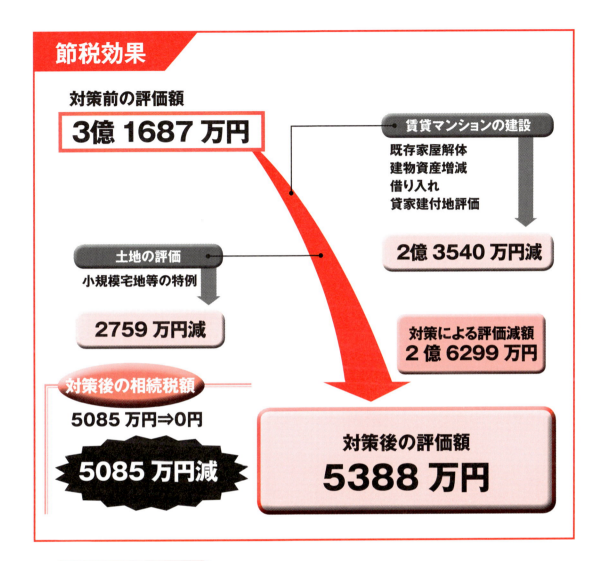

対策のポイント

1. 相続税節税のため古い貸家を解体、マンションに建て替える
2. 老朽化した貸家は負担となるため、新たな賃貸住宅にし、価値を高める
3. 相続時に分割金が必要となるため、現金は残しておく

資産組替活用

CASE STUDY ● 松村さんの場合
1億2420万円の節税に成功

自宅を賃貸住宅にして納税対策をした

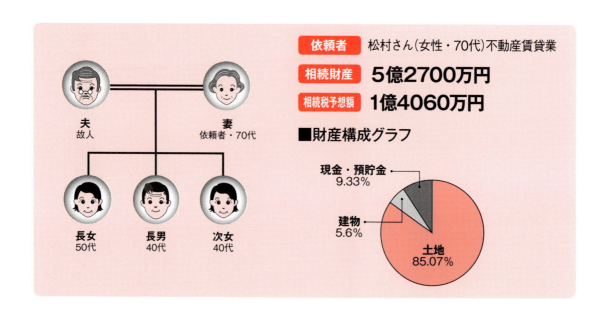

依頼者	松村さん(女性・70代)不動産賃貸業
相続財産	5億2700万円
相続税予想額	1億4060万円

■財産構成グラフ
- 現金・預貯金 9.33%
- 建物 5.6%
- 土地 85.07%

課題：夫から相続した店舗を売却したので賃貸収入が減った

　松村さんは、亡くなった夫から自宅や貸店舗を相続しました。夫は公証役場で公正証書遺言を作成していましたので、安心していましたが、いざ遺言を執行しようとすると、うまくいかないことがわかりました。

　納税のために売却する土地が松村さんと長女の共有になっていたり、次女と長男には売却に適さない土地しかなく、納税できないなどの内容だったのです。

　さらに、夫が小売店を経営していた当時の銀行借り入れも残ったままになっています。相続税の申告だけでなく、納税や返済も含めて、家族の意見の調整をしてくれるところを探して当社に依頼をしてこられたのです。

STEP 1：貸店舗を売って事業用資産の買い替え特例を利用

　そこで、節税と納税ができる遺産分割に変更し、相続税の申告のめどを立てました。納税については、銀行への返済と納税額に足りるように、貸店舗と隣接する駐車場を合わせて賃借人に売却しました。売却したのは、貸店舗と駐車場、空き地が一体となったところです。それで子供は納税ができ、銀行の負債を相続した松村さんは返済ができました。

　しかし、納税のない松村さんは譲渡税を払うことになります。譲渡税は約5000万円で、

複合技で大きく節税する不動産対策 ● 第3章

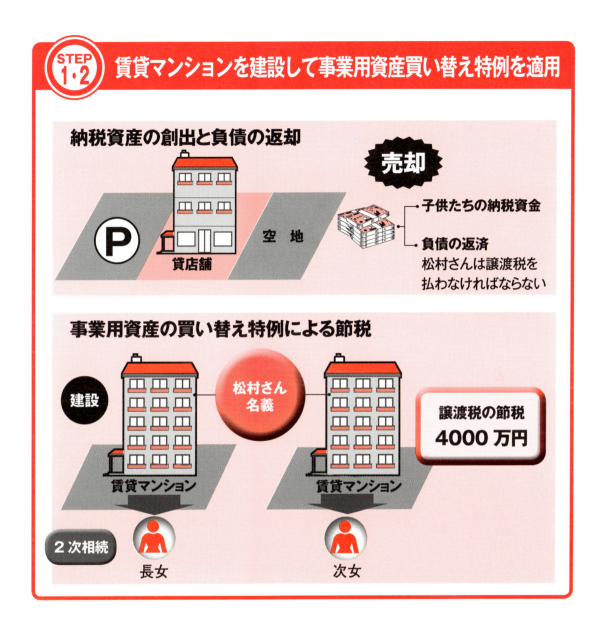

　そのまま払うよりも事業用資産の買い替え特例を利用して、譲渡税4000万円を繰り延べすることを提案しました。使える現金を4000万円残すことができるからです。

　事業用資産の買い替え特例の要件を満たすために、別の所有地に新たな賃貸住宅を建てることを提案しました。その土地は松村さんと娘2人の共有です。そこで、2次相続でそれぞれに分けられるよう2棟の賃貸マンションを建てるようにしました。

　この土地に2棟の賃貸マンションを建設することにより、譲渡税の節税だけでなく、相続税の節税もでき、円滑な分割にも配慮した活用となりました。事業用資産の買い替え特例を利用しますが、現金は残したまま、事業資金は借り入れました。

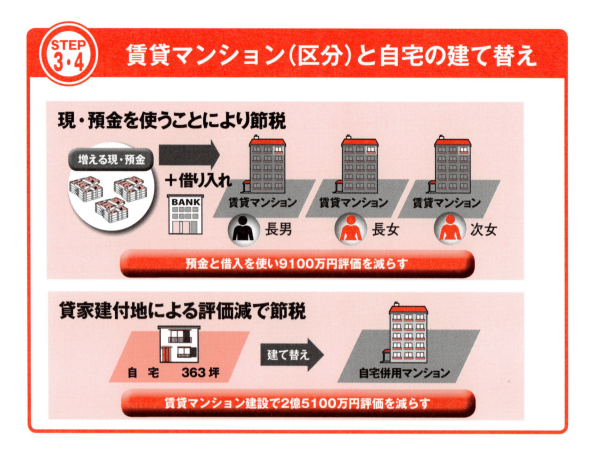

STEP 3・4 賃貸マンション（区分）と自宅の建て替え

 STEP 3 売却資金で賃貸マンションを購入

　売却代金の残りもあり、毎年の賃貸収入も残っていくため、数年も経つと松村さんの預金はまとまった額になります。その後も現金が増えていくと相続税は増えていきます。そこで現金を使って収益不動産を購入することを提案しました。空室リスクが低く、売却して換金しやすいエリアに絞り、子供たちへ分けられることも考えました。現金の不足額は銀行借り入れをすることで3つの物件を購入することができ、節税も実現できたのです。

STEP 4 自宅を建て替える

　自宅の土地は363坪と広いのですが、一人住まいで、収益が生まれません。固定資産税も高く、草取りなどの作業も大変になってきたこと、建物が築30年近くなり老朽化してきたことや、まだ相続税がかかることが予想され、対策が必要でした。

　そこで、自宅併用の賃貸住宅に建て替えることを提案したところ、夫の相続税が大変だったことから、効果が見込めるのであればと決断されました。

　敷地は東、南、西の三方が道路に面しており、北側以外は圧迫感がありません。周辺の2階建て住居と差別化するためにも、鉄筋コンクリート造5階建てにしました。1LDK23戸、事業費は3億2500万円です。

　この事業を進めることで長男一家の住居も建てることができ、老後の不安もなくなりました。

複合技で大きく節税する不動産対策 ● 第3章

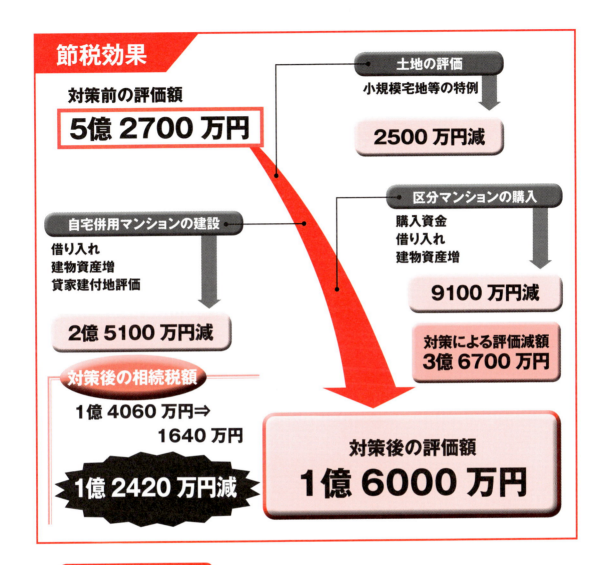

対策のポイント

1. 事業用資産の買い替え特例を利用すれば、譲渡税が繰り延べできる
2. 事業用資産の買い替え特例を利用しても売却代金は手元に残し、借り入れで賃貸住宅を取得してもよい
3. 次の相続で分けられるように、複数の賃貸住宅にする
4. 固定資産税の持ち出しにならないように、自宅も収益を生むことを考える

活用法人

CASE STUDY ● 永田さんの場合
2億160万円の節税に成功

2次相続に備え、賃貸経営で積極的な節税対策に取り組む

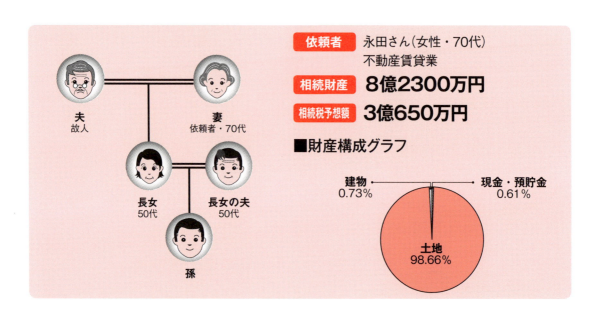

依頼者	永田さん（女性・70代）不動産賃貸業
相続財産	8億2300万円
相続税予想額	3億650万円

■財産構成グラフ
- 建物 0.73%
- 現金・預貯金 0.61%
- 土地 98.66%

課題　代々引き継いできた多くの土地をどうするか

永田さんの夫は15代続く家の跡取りとして、多くの土地を相続してきました。自宅の周辺に広い土地を所有していますが、借り入れが必要となる節税対策をしてこなかったため、相続のときは大変だと周りから心配されてきました。夫が亡くなり、いよいよ相続になって自宅近隣の土地を手放すことになるのは避けたいと、当社に委託をされました。

夫の相続税は、駐車場の土地評価を下げて節税し、配偶者控除の特例も最大限に利用しました。納付については、以前に夫が買っていた他県の土地を売却して済ませることができました。

けれども当然のことながら、自分が死んだときのほうが相続税が高くなります。永田さんは、夫から相続した財産（財産の半分）以外に、夫の親からも財産を相続していますので、合わせると夫の財産程度になること、相続人が少なくなること、配偶者控除の特例が使えないことなどの理由からです。

それを見越して、夫の相続では納税を最小限にすることを目的としましたが、合わせて、最初から次の節税対策ができる土地を相続してもらうことを優先しました。

また、永田さんには現金の余裕がないため、今後は資金的な余裕をつくることも念頭に置いて提案するようにしました。

複合技で大きく節税する不動産対策 ● 第3章

STEP 1 自宅と地続きの駐車場に賃貸マンションを建設する

　節税対策として、土地を活用して賃貸マンションを建て、賃貸事業をすることを提案しました。土地を活かして残していくためには、収益の上げられる賃貸事業をすることが第一です。候補地は、自宅の地続きにある砂利敷きの駐車場と決めました。

　その駐車場は、約30台が停められますが、駐車料金を数カ月以上滞納する人や廃車を置いたままにする人などがあり、煩わしい思いをしていたとのこと。

　また、募集する不動産会社が店じまいをすることもあり、維持管理が負担になってきているということで、それを経営しやすい賃貸事業にすることも目的としました。

　このように、駐車場経営の煩わしさを解消し、敷地全体の価値を高めるために、重厚感のある賃貸住宅を建設する提案内容に、永田さんはすぐに取りかかる決断をされました。

　相続税の節税になるばかりか、今までの駐車場に比べると6倍の収入になります。1LDK27戸のマンションが出来上がりましたが、すぐに満室になって順調な賃貸経営が開始できました。

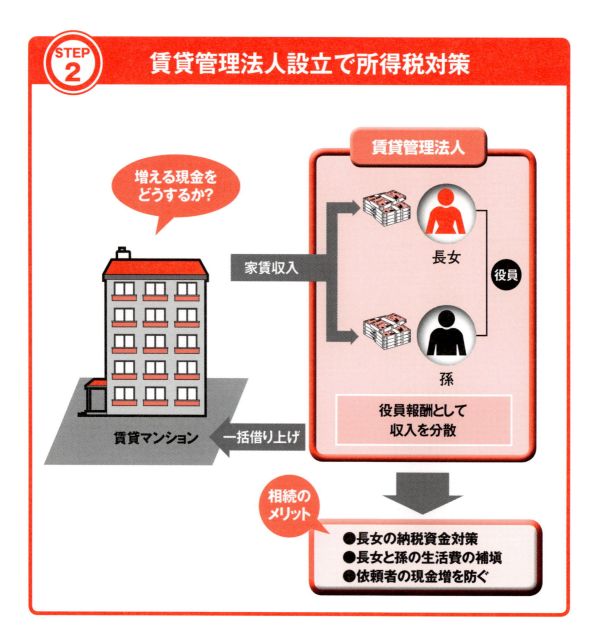

STEP2 所得税節税のために賃貸管理法人を設立する

　相続税の節税対策ができたとしても、永田さんの収入が増えるため、相続税だけでなく、所得税の負担も増えます。そこで所得税の節税対策として、賃貸管理を目的とする法人を設立することにしました。その法人が一括借り上げすることで、永田さんの所得を抑えることができます。法人は長女と孫が役員となり、報酬を支払うことで収入が分散され、相続税の納税資金対策や、生活資金の補填にもなります。

　さらに、修繕積立金や役員退職金の準備金として法人の経費で生命保険に加入することもできました。それらの費用も経費として計上できますので、法人税対策もできるようになりました。

対策のポイント

1. 煩わしい駐車場運営を、別の活用方法に切り替える

2. 賃貸住宅を建設することで、大幅な節税ができる

3. 賃貸管理法人を設立することで、所得の分散が図れる

資産組替活用

CASE STUDY ● 内藤さんの場合
3億6322万円の節税に成功

農地を売却し賃貸住宅に組み替えた

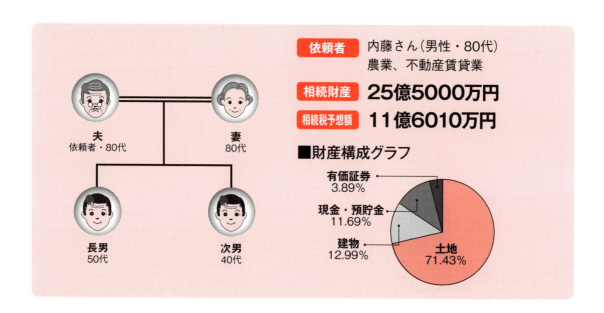

依頼者	内藤さん（男性・80代）農業、不動産賃貸業
相続財産	25億5000万円
相続税予想額	11億6010万円

■財産構成グラフ
- 有価証券 3.89%
- 現金・預貯金 11.69%
- 建物 12.99%
- 土地 71.43%

課題　使っていない農地をどうするか

　内藤さんは、戦後の混乱期に仕事を始めた世代ですが、土地があると生活できると気がつき、小売業で残したお金を元手に農地を購入して農業を始めました。夫婦で農業をしながら節約をし、お金の余裕ができると少しずつ土地を増やしていったのです。自宅周辺だけでなく、隣接市の農地も購入し、車で通いながら耕作してきたということです。

　平成の初めになると土地の高騰が著しく、持っているだけで驚くほどの評価になり、土地持ちの農家にも税金の負担が増えてきました。そこで、夫婦で農業を続けられる土地は2カ所だけとし、1カ所は生産緑地の指定を受けました。子供2人は会社員なので、農業を手伝う余裕はありません。ほかの土地は市へ貸し出し、駐輪場や市民農園に利用してもらい、固定資産税の優遇が受けられるようにしました。

　また、社宅にしたいという企業にも賃貸住宅を建てて貸しています。

　それでも農業をずっと続けてきましたが、昨年倒れて以来、体の自由が利かなくなってしまい、車の運転や耕作をすることが困難になりました。

　いよいよ今後の相続や財産継承について考えなければいけない状況となり、どのようにすればいいか、親子で相談に来られたのです。

複合技で大きく節税する不動産対策 ● 第3章

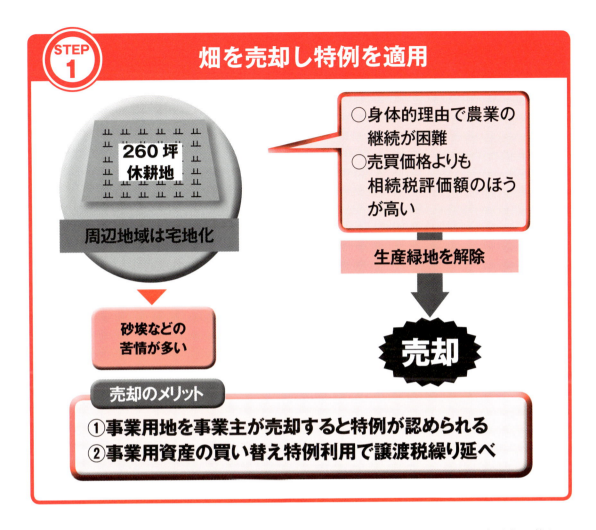

STEP 1 相続税評価額より時価が低い土地は組み替え

　生産緑地にしている畑は260坪ありますが、倒れてからは耕作できず、休耕地となっています。当社で土地の評価をし、市場価格も調査すると、売買価格よりも相続税評価額のほうが高い状況で、このまま保有するメリットがありません。

　そこで、売却して収益不動産に買い替えることを提案しました。事業用資産の買い替え特例を利用すれば、譲渡税も節税できます。この場合、生前に内藤さん自身が売却することでメリットが生まれます。

　260坪の畑の周辺はすでに宅地化が終わっており、内藤さんの畑だけが更地で残っている状況でした。砂埃の苦情などもありましたので、売却することで気持ちも楽になります。

　宅地分譲ができる開発業者に情報を出すと、立地や環境が良いことが幸いし、すぐに購入希望の法人数社から申し込みが入りました。

　その中で最高価格の法人へ売却を決めて、無事に売却は完了しました。売却を終えるまでには生産緑地の解除申請や境界立ち会いや開発申請など、種々の手続きが必要でしたが、内藤さん、当社、購入法人、測量会社などが協力することで、スムーズに手続きを進めることができたのです。

STEP 2・3 現金や借入で賃貸マンションを購入・建設

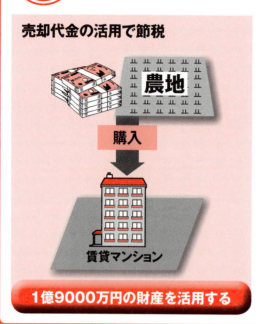

売却代金の活用で節税

1億9000万円の財産を活用する

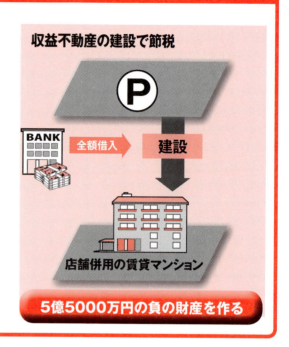

収益不動産の建設で節税

5億5000万円の負の財産を作る

STEP 2 売却代金で収益マンションを購入

畑の売却については、事業用資産の買い替え特例を利用し譲渡税を節税しました。農業から賃貸事業への組み替えです。

譲渡税を節税することで手元に残せるお金が増え、その分も賃貸マンションとして残せることになります。

内藤さんは、事業を承継してもらう子供の意見を尊重し、マンション建設にあたっての土地選びは、自宅周辺にこだわらず、将来の資産価値が変わらないような立地を希望されていました。

当社も同じ判断ですので、売却で手元に残った現金で購入できる1棟マンションをご紹介し、購入を決められました。

STEP 3 賃貸マンションを建築する

節税対策として生産緑地の事業用資産の買い替えが1つ進みましたが、内藤さんの財産では、まだ相続税がかかるため、次の対策も必要です。そこで駐車場としてきた土地に店舗併用の賃貸マンションを建てるようにしました。1階のテナントは、建てる前から借りたい法人があり、その需要を基に建築に踏み切りました。事業用の賃借契約で20年の借り上げですので、安心感があります。

また、2階から5階までの賃貸マンションについても駅から近い立地であり、大きな不安はありません。建築費は全額借り入れとしました。この事業により、大幅に相続税を下げることができましたので、当初から比べると不安は解消したといえます。

複合技で大きく節税する不動産対策 ● 第3章

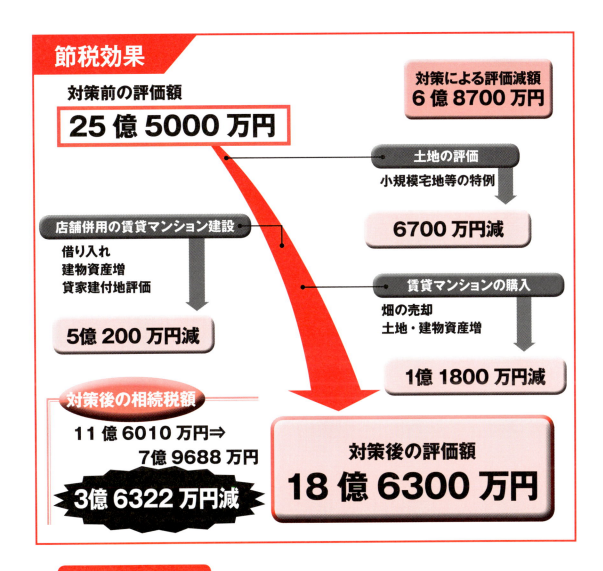

対策のポイント

1 生産緑地は身体的事由で農業継続が困難になると、解除できる

2 事業用地は事業主が売却することで、特例が適用できる

3 事業用資産の買い替え特例の利用により、譲渡税が繰り延べになる

4 賃貸マンションを建築することで、土地建物の評価減で節税できる

贈与活用法人

CASE STUDY ● 望月さんの場合
4億4593万円の節税に成功

自宅を妻に贈与し賃貸事業の法人化で財産も分散

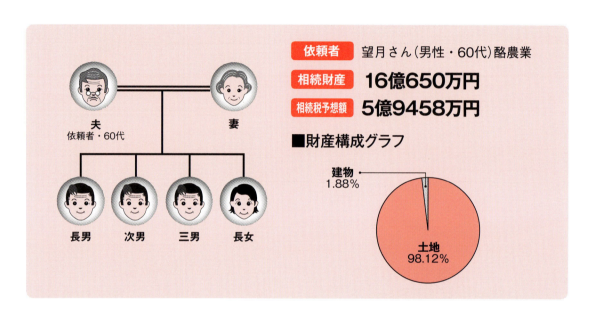

- 依頼者：望月さん（男性・60代）酪農業
- 相続財産：16億650万円
- 相続税予想額：5億9458万円

■財産構成グラフ
- 建物 1.88%
- 土地 98.12%

課題　納税は終えたがその後の財産継承が課題

　望月さんは酪農家の長男です。父親が亡くなったのは、土地の評価が高いときでした。市街化区域にある酪農地は周辺の宅地化が進み、区画整理もされていたので、評価が何倍にもなっていました。一方で、土地が高騰しすぎたため、その反動でバブル経済が崩壊した頃でもありました。

　困った望月さんは当社に委託され、大きい土地には不動産鑑定評価を採用するなど評価減をし、億単位で節税もできました。しかし納税のために相続した土地を800坪ほど売却しなければなりませんでした。

　それでも当社でコーディネートした結果、最初の顧問税理士に「真っ先に売らないといけない」といわれた400坪の土地は残すことができ、「切り売りも覚悟するように」といわれた住宅のある1900坪の土地は全部残すことができたのです。

　次は、望月さんの相続で、父親のときのように土地を売って納税する、ということがないように、当社で継続してサポートしました。

STEP1　自宅の土地と建物を妻に贈与した

　望月さんは、父親の相続が終わった後、酪農業の縮小も決められ、自分の相続の節税対策として、2カ所の土地でも賃貸事業をする

第3章 ● 複合技で大きく節税する不動産対策

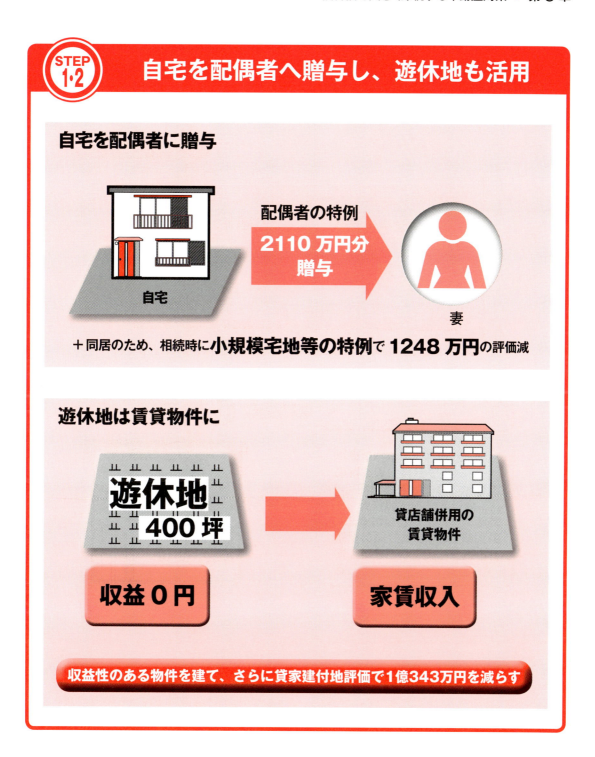

STEP 1·2 自宅を配偶者へ贈与し、遊休地も活用

自宅を配偶者に贈与

配偶者の特例 2110万円分贈与 → 妻

自宅

＋同居のため、相続時に**小規模宅地等の特例**で**1248万円**の評価減

遊休地は賃貸物件に

遊休地 400坪 収益0円 → 貸店舗併用の賃貸物件 家賃収入

収益性のある物件を建て、さらに貸家建付地評価で1億343万円を減らす

ようにしました。そのため、もとは1900坪の敷地の中にある住宅は、別の所有地に建て替えています。

その後、節税のため、妻に土地の一部と建物につき、2110万円分を贈与しました。

また、同居する配偶者は小規模宅地等の特例（330㎡まで80％評価減）を適用することができます。

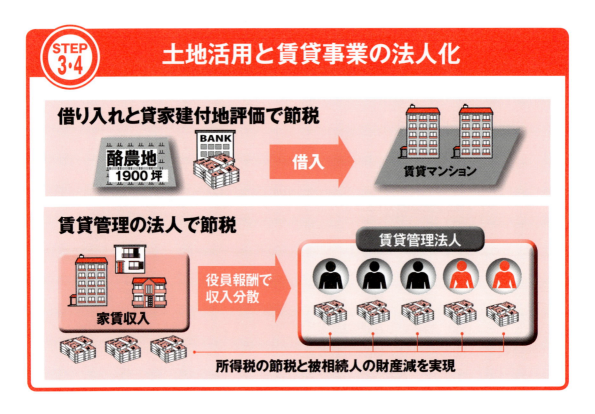

STEP 2 売らないといけない400坪の土地を活用

400坪の土地は16m道路に面しており、収益が上がると判断できました。1階は貸店舗5区画、2階から5階は1LDKと2LDKが32戸の賃貸物件を建てて、賃貸事業を始めました。完成すると住居は全室申し込みが入り、5区画の店舗も、理容院、美容院、手作りパン屋等でほどなく決まり、順調な賃貸事業がスタートしました。

STEP 3 酪農業をやめて賃貸業に切り替えた

望月さんは父親と一緒に酪農業を家業としていましたが、父親の相続も終わって一段落したことを機に、後継者がいないことや重労働が負担になってきたことなどから、家業を廃業する決断をされました。

そこで自宅は別の所有地に建て直し、1900坪の敷地全体を活用して賃貸住宅を建てました。3LDK73戸、2棟の賃貸マンション計画で、事業費は約12億円です。

3月末入居に照準を合わせたことから、引き渡しまでに全室の申し込みが入り、満室でスタートしました。その後も順調に稼働しています。

STEP 4 賃貸管理の法人を設立し所得税を節税

望月さんが所有する賃貸物件は130室と店舗で、年間の賃料も相当あります。このままでは、望月さんの現金が残っていくことになるため、法人を設立し、妻と子供に役員報酬を払うことで所得税の節税もしています。

また、法人の経費で生命保険に加入することで、退職金の積み立てをするようにしています。

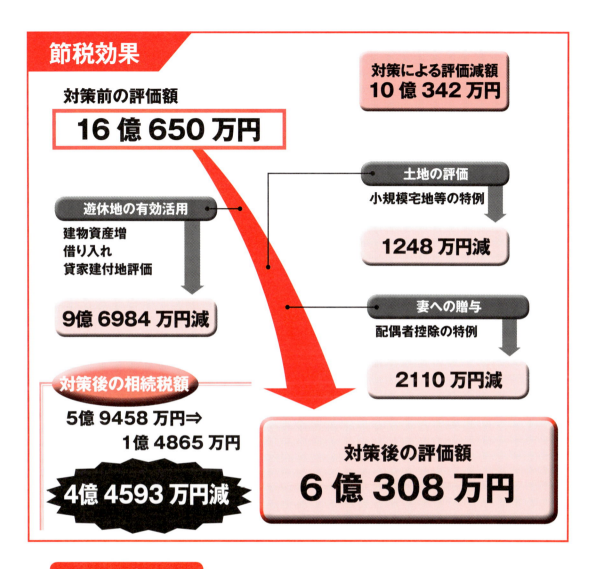

対策のポイント

1. 酪農業をやめて賃貸業に切り替えることで事業替えした
2. 法人を設立することで、所得を分散し、保険も経費にできる
3. 妻に自宅を贈与することで財産を減らせる
4. 借り入れをして賃貸事業をすることで節税になる

購入活用

CASE STUDY ● 平井さんの場合
7億450万円の節税に成功

現金を不動産に換えて自宅と新たな不動産を購入

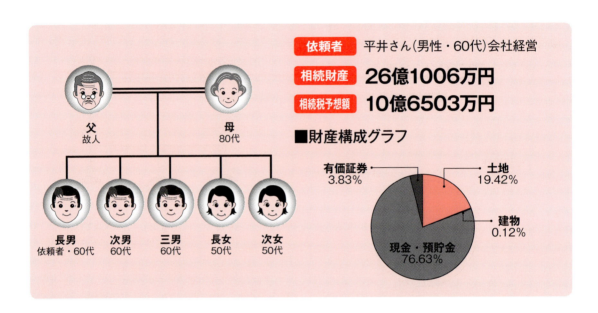

依頼者	平井さん（男性・60代）会社経営
相続財産	26億1006万円
相続税予想額	10億6503万円

■財産構成グラフ
- 有価証券 3.83%
- 土地 19.42%
- 建物 0.12%
- 現金・預貯金 76.63%

課題　父親は節税対策をせずに亡くなった

　平井さんの父親は、生前、会社を経営していました。夫婦でずっと働いて、会社を繁盛させてきましたので、一代で数十億円の資産を築き上げました。自宅以外には貸ビルと駐車場を所有しているものの、財産のほとんどは現金・預貯金と有価証券です。いくつもの口座を作っては少しずつ増やしていくことが生きがいであり、仕事の原動力になっていたようです。

　財産が増えていったにもかかわらず、両親はずっと変わらず質素な生活でした。子供にも甘やかすことはなく、厳しかったと平井さ

んはいいます。平井さんも自分で会社を経営していますが、親に頼ることはできなかったため、別の地域で独立しました。

　昨年、父親が亡くなりましたが、何ら節税対策をしていなかったことはわかっていました。確認してみると、予想を超えた財産額となり、家族全員が本当に驚きました。財産の額が大きいため、相続に慣れたところにサポートしてもらいたいと、当社に委託されたのです。

　父親の財産は、預金口座が多いのはともかく、有価証券は、数十人もの架空名義までありました。父親なりの節税を考えていたのかと思われるのですが、残念ながら、架空名義や家族名義のものもすべてを相続財産として

複合技で大きく節税する不動産対策 ● 第３章

STEP 1 不動産の生前贈与で、現金を減らす

夫の財産の半分を相続

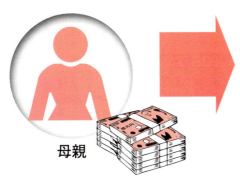

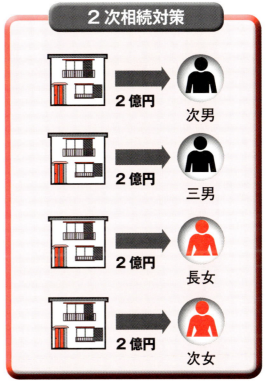

２次相続対策

申告しなければなりません。結果、10億円を超える相続税を支払うことになりました。

これを教訓として、母親の相続では、少しでも節税したいと思われたのも無理はありません。当社も同様で、父親の申告手続き中から母親の節税対策をご提案したところ、老朽化した自宅を取り壊して、賃貸マンションの建設を決断されました。

STEP 1 現金で不動産を購入し子供に贈与する

母親は財産の半分を相続しましたが、ほとんどが現金・預貯金です。そのままにすると２次相続でもまた多額の相続税が予想されたため、将来自宅を相続する予定の長男を除く子供４人に２億円ずつ生前贈与して、現金を減らすようにしました。

しかし、現金のままではなく、母親名義で不動産を購入し、それぞれに不動産で贈与することにしました。

現金で贈与した場合の贈与税は３億8880万円ですが、賃貸不動産に換えてから贈与する場合は１億4880万円になりますので、２億4000万円の贈与税の節約になるわけです。

117

STEP 2·3 現金で自宅、賃貸不動産を購入する

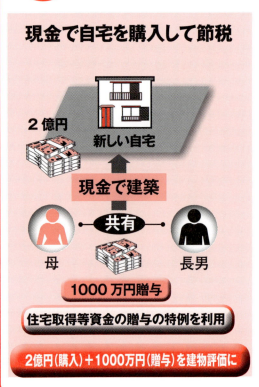

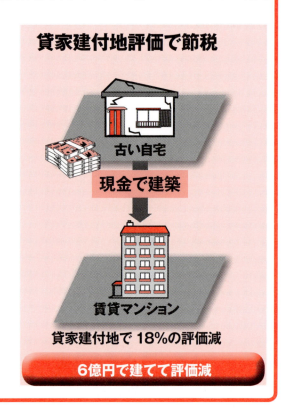

STEP 2 自宅を買い替え 賃貸マンションを建設

　現在、母親が住んでいる自宅は、築30年を超えて老朽化が進み、建て替えの時期が来ていました。その土地に建て替えることもできましたが、土地が広いことや節税対策として活用するために、自宅は別に購入することを選択されました。

　そこで、現在の自宅があるところよりも資産価値の高いエリアを探して、現金で自宅となる不動産を購入しました。「直系尊属からの住宅取得等資金の贈与の特例」を活用して、平井さんが母親から1000万円の贈与を受け、共有名義にしました。

STEP 3 現金で賃貸マンションを購入

　こうして新しい自宅に転居することができましたので、今まで住んでいた自宅は取り壊し、節税対策として、賃貸マンションを建設するようにしたのです。

　賃貸マンションを建てることで、土地全体が貸家建付地となり、父親の相続では減額できなかった土地の評価減が18%できることになりました。

　さらに、事業費の6億円は、借り入れではなく、父親から相続した現金を使うようにしましたので、現金が建物に換わります。これも大きく節税を引き出す要因になりました。

複合技で大きく節税する不動産対策 ● 第3章

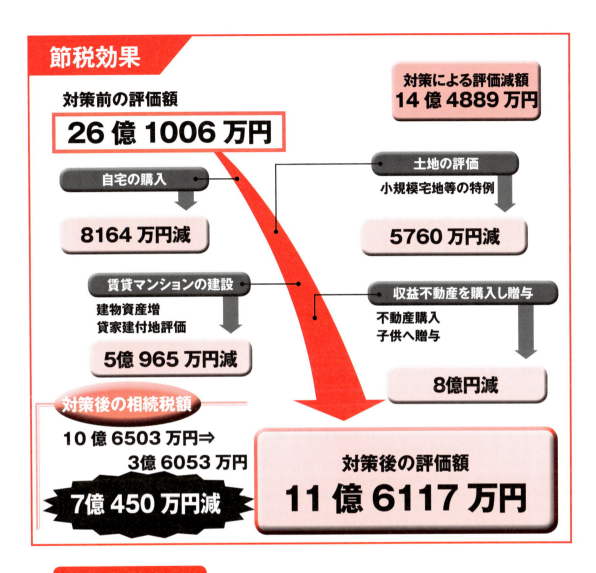

対策のポイント

1. 現金で不動産を購入して贈与するほうが、現金を贈与するよりも贈与税の節税になる

2. 老朽化した自宅を取り壊して、賃貸マンションを建設することで貸家建付地とした

3. 現金で建物を建てることで節税し、借り入れ返済が不要で安定した賃料収入を確保した

COLUMN 4

不動産は「収益」があってこその財産

収益があってこそ財産の価値がある
持っているだけではマイナス

　現代は不動産の値上がりは期待できず、持っているだけでも固定資産税を払わなくてはなりません。使っていない空き家、空き地や農地、山林に対しても同様に固定資産税が課税されます。特に空き家や空き地など使っていない不動産は、その土地から収益が生まれませんので固定資産税分の持ち出しとなります。これが負担にならないわけはありません。

　地価や路線価が下がる時代であっても、固定資産税は徐々に値上がりし、今後も増税が予想されますので、負担は増え続けます。持っているだけで価値が下がり続けるのに負担は増え続けるというマイナス財産になるのです。

◆事例　相続税が０になり、収益は９倍になった

　Ｃさん(80代男性)は自宅と駐車場の土地を所有。高齢のために一人暮らしの自宅を出て介護施設に入所し、自宅は空き家となりました。駐車場も半分程度しか借り手がありません。自宅の固定資産税は16万円、駐車場の固定資産税は69万円で、駐車場の収入48万円を差し引いても年間37万円が持ち出しとなり、負担になっています。

　このままでは不動産を所有していることがマイナス財産となります。そこで不動産を活用することで収益が上がるプラス財産となる対策を提案しました。

①自宅をリフォームして賃貸に

　自宅は築年数が経っているため、リフォーム代は500万円かかりましたが、家賃17万円の貸家になり、すぐに入居者が見つかり、小規模宅地等の特例も使えるようになりました。父親の現金をリフォーム代に充てることも節税になります。

②駐車場を売却して、収益マンションに
資産組替　家賃20万円

　駐車場の土地は売却して換金し、その代金で区分マンションを２室購入しました。２つに分けて購入したのは、相続のときに分けやすくし、立地や物件を変えてリスクを分散する意味合いもあります。２室で月20万円の家賃が入るようになりました。

　相続対策を決断した結果、空き家が貸家となり、駐車場が区分マンションに代わりました。結果、1060万円と試算された相続税は０になり、持ち出しだった不動産から年間444万円の収益が得られるようになりました。

> **ADVICE**
> ・不動産は収益を上げないと維持していけない時代へ
> ・空き家は賃貸すれば節税になり、家賃収入が得られる
> ・不動産は活用してこそ価値がある

第4章

万が一準備できなかった人のための節税策

相続後の節税

CASE STUDY ● 原田さんの場合
倍率方式の山林を鑑定評価して節税

相続税額 1億3380万円 ▼ 9730万円

調整区域の山林は不動産鑑定評価で減額

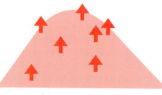

調整区域内の山林

倍率方式での評価 **6517万円**

鑑定評価 **2450万円**

4067万円の評価減になる

対策のポイント

● 調整区域とは、農地など、市街化を抑制されている区域

● 倍率方式で評価するが、高い場合は鑑定評価を採用する

課題 1億円以上の納税に頭を悩ます

原田さんの父親は兼業農家で、貸家や駐車場経営をしていました。母親が先に亡くなりましたが、父親は何ら節税対策をしないまま、亡くなってしまいました。負債もなく気持ちは楽ですが、納税できる現金もないため、土地を売却する覚悟をしていました。

相続税が1億円以上といわれたので、税理士に節税してもらいたいと相談したところ、「農家の相続は今まで経験がない」という回答で、節税対策までしてくれそうにもありません。不安を感じた原田さんは、姉のすすめもあり、紹介者を通じて、相談に来られました。

対策 地積規模の大きな宅地の評価、鑑定評価で減額し、売却する

土地の調査をすると、多数減額の要素が見つかりました。駐車場は地積規模の大きな宅地の評価ができ、半分以下の評価に下がり、貸家の立つ土地と調整区域の山林は路線価、倍率方式では評価が高いため、鑑定評価を採用。申告期限まで約半年となった頃に対策を始めたのですが、納税額を出しつつ、申告期限までに土地売却を済ませることができました。1億円以上の納税になるといわれていたところ、大きく節税でき安堵していただきました。

相続税	9730万円
納税猶予	720万円
納税 9010万円	節税 4370万円

CASE STUDY ● 小野さんの場合
建物を鑑定評価して節税

相続税額 2538万円 ▼ 1587万円

老朽化した建物は不動産鑑定評価で減額

老朽化した建物

固定資産税での評価 **2356万円超**

鑑定評価 **1302万円**

1054万円の評価減になる

対策のポイント
● 古い建物でも固定資産税評価額は下がりにくい
● 鑑定評価を採用したほうが、評価減につながる

課題　工場などを相続したが知識がなく途方に暮れていた

　小野さんの父親は自営業で、鉄鋼関係の会社を経営していましたが、何ら節税対策をしないまま、亡くなってしまいました。相続の知識もなく途方に暮れていたところ、図書館で本を見て相談に来られました。

対策　建物は鑑定評価、工場跡地や未利用地は売却

　現地調査をしてみると、工場として利用していた土地が地積規模の大きな宅地の評価にできることがわかりました。
　面積が大きいことと、周辺は住宅地であり、再利用を考えると戸建て住宅が適しているか</br>らです。地形も変形で、道路を通して区画割りする必要がある土地です。
　最寄り駅近くの所有ビルは昭和50年頃の建築で、建物の固定資産税評価額が2000万円を超えています。鉄筋コンクリート造ながら現在は老朽化しており、そんな価値があるとは思えません。
　そこで、鑑定評価を採用しました。不動産鑑定士が作成した鑑定書は、固定資産税評価額の半分の価値が妥当であるとされており、節税につながりました。
　自宅と貸地以外は使っていない不動産でしたので、売却を提案しました。3カ所の土地を売却、換金して等分に分けました。

相続税　2538万円
納税　1587万円　節税　951万円

相続後の節税

CASE STUDY ● 竹内さんの場合
地積規模の大きな宅地の評価で節税

相続税額
1億625万円
▼
6284万円

地積規模の大きな宅地の評価で減らす

500m²以下
134坪　133坪　133坪
マンション適地

空き地

地積規模の大きな宅地の評価の条件を満たさない場合
30万円／m²×1322m²＝

3億9660万円

地積規模の大きな宅地適地
400坪＝約1322m²

地積規模の大きな宅地の評価の条件を満たす場合
30万円／m²×1322m²× 0.76 ＝
規模格差補正率

3億141万円

9519万円の評価減となる

対策のポイント
● 地積規模の大きな宅地適地でも利用区分ごとの面積が小さくなると適用できない

課題　駐車場事業を継承 現金は税金でなくなる見込み

　長男の竹内さんは、父親の跡を継いで駐車場を運営してきました。父親は、駐車場だけでなく他の事業も手がけていましたが、長引く不況のあおりで経営状況が厳しくなってきたため、駐車場だけに事業を絞っていました。そして、心労がたたったのか、ほどなく病気を発症して亡くなってしまいました。

　父親は駐車場の土地以外にも、マンションなどの不動産を所有しています。事業で成功し、見切りも早かったため、現金も多く残していました。しかし、相続税の試算をしてみると現金のほとんどが税金でなくなってしまうことがわかりました。

対策　駐車場は地積規模の大きな宅地の評価ができる

　竹内さんの財産で節税の可能性があるのが駐車場の土地でした。その土地は二方の道路に面していますが、400坪以上の面積があるため、現地調査の結果、地積規模の大きな宅地の評価ができると判断しました。全体を駐車場のみの用途で利用していることが幸いし、通常評価の半分程度に下がりました。

　遠方の土地は利用されていないため、売却をおすすめしました。幸い、隣地の所有者に購入いただき、購入時の契約書を探してもらったおかげで、譲渡税の節税にもなりました。

相続税　1億625万円　節税　8455万円
納　税　2170万円　（※配偶者控除軽減適用）

CASE STUDY ● 田村さんの場合

地積規模の大きな宅地の評価、納税猶予で節税

相続税額
2億90万円
▼
9762万円

農地は納税猶予で相続の負担を減らす

●特例を受けるための要件

被相続人の要件

原則、死亡の日まで農業を営んでいること
（病気などの理由で同居の生計を一にする親族が
営んでいる場合も可）

農業相続人の要件

①相続人であること
②申告期限までに農業経営を開始すること

農地等の要件

該当する農地
・肥培管理している土地
・植木畑の場合は、植木を育成する目的で苗木
　を植栽し、かつその苗木の育成について肥培
　管理を行っている土地

該当しない農地
・家庭菜園　・農作業場の敷地
・温室の敷地（その土地を農地の状態のまま耕作
　を継続している場合を除く）

対策のポイント

● 農業を継続する場合は、相続財産のうち農地部分に相当する
　相続税が、申告期限から一定期間、納税が猶予される

課題 農業継続が希望
節税対策はしていなかった

　田村さんの父親は、専業農家として土地を
守ってきました。長男の田村さんも当然のよ
うに農業を継いできましたし、父親が高齢に
なってからは、会社勤めをしていた田村さん
の長男も、仕事を辞めて農業を手伝ってくれ
るようになりました。農業を継続していくた
めには農地を残していくのが希望でした。

　バブル経済の頃、節税対策として借り入れ
をしてアパート1棟を建てていますが、それ
でも所有する土地が多く、十分な節税対策は
できていなかったといえます。さらに不安
だったのは、父親より母親が先に亡くなり、
配偶者控除の特例が使えないことでした。

対策 土地の評価減と猶予で
納税を減らす

　概算評価をすると財産評価は9億円以上で
す。全部の土地を現地調査し、駐車場や面積の
大きい農地については地積規模の大きな宅地の
評価をすることで78％程度の評価に下げられ
ると判断。また、農地は納税猶予の申請をする
ことで納税の負担を減らします。分割金と納税
額の捻出のために、駐車場など3カ所の土地を
売却して、順調に完了しました。分割金と納税
だけだと1カ所の売却でよかったのですが、手
元に残る現金も欲しいということで希望も叶い、
大変喜んでいただきました。

| 相続税 1億7027万円 | 納税猶予 7265万円 |
| 納税 9762万円 | 節税 1億328万円 |

相続後の節税

CASE STUDY ● 和田さんの場合
鑑定評価、納税猶予で節税

相続税額
1億9960万円
▼
1億4803万円

農地の指定を解除して売却

農地として引き継ぐ

⇒生産緑地のまま相続

納税の猶予を受けると
終身営農が必要

農地として引き継がない

⇒生産緑地指定を解除

営農の必要がなくなり
売却が可能になる

対策のポイント

● 農地の生産緑地の指定は、相続で解除できる

● 相続後、農業経営を縮小させるなら、指定解除をするのがおすすめ

課題 ## 生産緑地を相続したが 農業を継続するか迷っている

和田さんの父親は代々続く農家の長男として土地を受け継いできました。生前対策もしないまま亡くなったので、負債はありませんが、莫大な相続税の納税が必要になっても払えるだけの現金がありません。

生産緑地を指定した農地は30年の営農が原則ですが、相続になれば解除することができます。農地であれば、固定資産税が優遇されており、相続税の納税猶予も受けられます。生涯農業を続けていくには不安があるということで、生産緑地の解除をし、納税用に売却することを提案しました。

対策 ## 納税猶予は3000万円 一番遠い生産緑地を売却

鑑定評価や埋蔵文化財包蔵地の減額で大きく節税できる見込みが立ち、さらに納税猶予を受けると納税額は3646万円となるので、預金で支払える額になります。しかし、将来までにわたる営農は不安があるとのことで、生産緑地指定を解除し、売却して納税することになりました。和田さんの所有地は自宅周辺に集まっているので、近いところは残すことを考えました。生産緑地は、自宅から一番離れた場所で、周辺は閑静な住宅街のため、スムーズに売却でき、生活資金の補塡になりました。

相続税　1億9960万円
納税　7401万円　節税　1億2559万円

おわりに

相続は "不動産に強い専門家" 選びが必須！オーダーメードのプラン作りを

相続対策の専門家は誰でしょう？

相続税の改正が決まった頃から、相続の専門家が増えてきました。士業の誰もが相続の仕事をする時代です。私が相続コーディネートを始めた25年前は相続など見向きもしなかった人たちがどんどん相続に参入してきて、まったく環境が変わったと言えます。

相続が身近になったことで専門家へのハードルも下がり、気軽に依頼できる状況になったものの、選択肢も増えてどこに頼めばいいのか、迷うことにもなってしまいました。

この機会に、あらためて「相続」は誰に頼めばいいのか考えてみてください。特に生前の「相続対策」は誰に頼めばいいでしょう？

生前の「相続対策」は「不動産の実務」

専門家選びのヒントになるのは「不動産」です。生前の相続対策は「不動産の売却」「購入」「資産組替」「活用」「贈与」などで行うことになります。空き地、空き家など活用していない不動産をかかえていることもリスクとなる時代ですので、相続対策だけでなく、資産運用としてのアドバイス、提案が求められます。さらに現金などの金融資産が残ったとしても、そのままでは「節税」にはなりません。現金を不動産や生命保険などに替える「相続対策」も必要となります。このように生前の「相続対策」は不動産と現金で行う「不動産の実務」だということになります。

この状況で考えてみると多くの方が相談したり、依頼をする、弁護士、税理士、信託銀行は、いずれも不動産の専門家ではなく、「相続対策」の実務家ではありません。相続の実務を頼むには適任でないと言えるのです。

相続対策は「オーダーメード相続プラン」で実践する

本書でご紹介したように、生前の不動産対策には「贈与」「建物」「購入」「組替」「活用」「法人」などがあり、財産や家族の状況などにより組み合わせて行うことが多く、どれも節税につながる効果的な対策となります。

しかし、対策に取り組むためには、どういう課題があり、解決するためにはどの対策が必要で、効果的かを判断するための基準が必要でしょう。

私どもは、そうした方の判断基準となるよう「オーダーメード相続プラン」のサービスを提供して、ご提案、サポートをしております。ご自分に必要な相続の専門家を選んでいただくときに、私どもも候補の一つにあげていただき、お手伝いすることができれば幸いです。

本書を参考にご家族で相続対策に取り組んでいただき、円満で負担のない相続を用意されますことを祈念致します。

令和7年5月
相続実務士® 曽根恵子

●著者

曽根恵子（そねけいこ）

相続実務士®の創始者として1万5000件以上の相続相談に対処。感情面、経済面に配慮した"オーダーメード相続"を提案し、家族の絆が深まる「夢相続」の実現をサポートしている。

【経歴】（株）PHP研究所勤務後、昭和62年不動産会社設立、相続コーディネート業務を開始。相続相談に対処するため、平成12年NPO法人設立、内閣府認証を取得。平成13年に相続コーディネートを業務とする法人を設立、平成15年に東京都中央区八重洲に移転し、平成20年に社名を（株）夢相続に変更。（株）夢相続代表取締役、一社）相続実務協会代表理事、一社）首都圏不動産共創協会理事。TV・ラジオ出演、新聞、雑誌取材、セミナー講師など多数実績あり。

【著書・監修】
『相続税は生前の不動産対策で減らせ!』『相続はふつうの家庭が一番もめる』
『相続税対策!土地活用で財産を残せ!』『相続税は不動産で減らせ!』（PHP研究所）
『図解でわかる　相続発生後でも間に合う完全節税マニュアル 改訂版』（幻冬舎メディアコンサルティング）
『相続に困ったら最初に読む本』（ダイヤモンド社）
『いちばんわかりやすい相続・贈与の本』（成美堂出版）
『円満な相続には遺言書が必要!』（清流出版）
『身内が亡くなった後の手続きがすべてわかる本』『相続・贈与のすべてがわかる本』（扶桑社）など88冊、累計83万部出版

●資料作成

（株）夢相続スタッフ

●装丁

吉村朋子

図解でわかる　相続税を減らす生前の不動産対策 改訂新版

2018年5月29日　第1刷発行
2025年6月6日　第2刷発行

著　者●曽根恵子

発行人●久保田貴幸

発行元●株式会社 幻冬舎メディアコンサルティング
　　　　〒151-0051　東京都渋谷区千駄ヶ谷4-9-7
　　　　電話 03-5411-6440（編集）

発売元●株式会社 幻冬舎
　　　　〒151-0051　東京都渋谷区千駄ヶ谷4-9-7
　　　　電話 03-5411-6222（営業）

印刷・製本●シナノ書籍印刷株式会社

検印廃止
©KEIKO SONE, GENTOSHA MEDIA CONSULTING 2018 Printed in Japan
ISBN 978-4-344-91653-1　C2030

幻冬舎メディアコンサルティングHP　https://www.gentosha-mc.com/

※ 落丁本、乱丁本は購入書店を明記のうえ、小社宛にお送りください。送料小社負担にてお取替えいたします。
※ 本書の一部あるいは全部を、著作者の承諾を得ずに無断で複写・複製することは禁じられています。

定価はカバーに表示してあります。